트라우마와 최면

트라우마와 최면

초판 1쇄 발행 2008년 11월 25일
개정증보판 발행 2026년 1월 16일

지은이 나영산
펴낸이 장길수
펴낸곳 지식과감성#
출판등록 제2012-000081호

교정 정은솔
디자인 강샛별
편집 강샛별
검수 이주연, 이현
마케팅 김윤길

주소 서울시 금천구 벚꽃로298 대륭포스트타워6차 1212호
전화 070-4651-3730~4
팩스 070-4325-7006
이메일 ksbookup@naver.com
홈페이지 www.knsbookup.com

ISBN 979-11-392-3037-6(03180)
값 18,000원

지식과감성#
홈페이지 바로가기

트라우마와
최면

나영산 지음

보이지 않는 마음의 세계,
그곳에는 잊힌 기억과 감정이 잠들어 있다.
최면은 그 잠재의식을 깨우는 열쇠.
묶여 있던 상처를 풀어내고
트라우마에서 벗어나게 한다.

지식과감성#

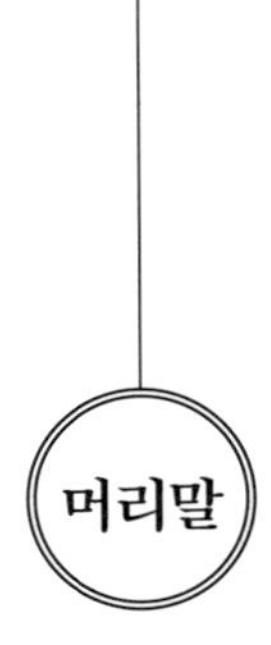

머리말

최면은 무의식의 세계 잠재의식의 세계로 들어가 인간의 내면 속의 상처받은 마음을 다루는 데에 있어 탁월하고 훌륭한 상담 도구이다.

최면은 인간의 마음을 비추는 거울과 같다.
때론 급속한 변화와 효과를 가져다줄 때도 있다.

내담자의 마음을 터치하고 문제의 원인을 찾아내는 데에 최면 상담이야말로 놀라운 상담기법인 것이다.

《트라우마와 최면》에는 최면의 기초부터 입문 최면술과 최면의 역사, 최면상담의 방법론에 관해서 수록되어 있으니 최면상담에 관심 있는 분들께 참고 교재가 되기를 바란다.

최면이란 무엇인가?

최면을 통하면 어떤 효과를 얻을 수 있는가?
이 책은 누구나 쉽게 최면을 할 수 있도록 서술하였다.

수많은 상담기법이 있으나 최면을 도구로 한 심리치료기법은 빠르고 큰 효과를 가져다줄 수 있다.

외상후스트레스장애(PTSD) 사고를 겪은 후 힘든 가운데 있는 분들에게 최면상담은 큰 힘이 되어 줄 것이다.

최면에 관한 오해로 인해 아직까지 최면의 세계를 경험하지 못했다면 《트라우마와 최면》 책을 통해 경험하기를 바란다.

누구나 자신 속에는 우는 아이가 있다.
잠재의식을 일깨워 행복한 미래를 열어가길 바란다.

저자 **나영산**

목차

3장. 심리분야

4장. 최면학습과 지도

5장. 최면암시의 효과와 사용법

6장. 타인최면

최면 사례

1장

최면이란 무엇인가

1. 최면의 정의

최면(Hypnosis)은 한마디로 말해 마음의 깊은 휴식 상태라고 할 수 있다. 하지만 단순한 휴식이나 수면과는 다르다.

의학적으로는 의도적으로 만들어진 무의식의 상태, 즉 암시를 통해 피암시성이 높아진 상태로 보인다.

최면상태의 사람은 겉으로 보기엔 마치 잠든 것처럼 보이지만, 실제로는 잠과는 전혀 다른 특별한 상태이다.

수면이 주위와 완전히 단절된 상태라면, 최면은 마치 창문을 살짝 열어 두고 최면사의 말에만 집중하는 상태와 비슷하다. 이때 의식적인 활동은 잠시 줄어들고 잠재의식이 열리게 되는 것이다. 그래서 '무의식 상태'라고 표현하기도 하지만, 완전히 무의식적인 것은 아니다. 이런 상태를 "최면 트랜스(Hypnotic Trance)"라고 부른다.

트랜스 상태에서는 사람마다 다르게 반응한다.

거의 잠든 것처럼 조용한 상태부터, 오히려 깨어 있을 때보다

생생한 집중상태까지 다양하다.

이때는 암시의 영향을 쉽게 받게 되어, 운동감각·지각·감정·기억 등이 평소와 다르게 작용한다. 때로는 숨겨진 잠재능력이 깨어나 놀라운 집중력이나 창의성을 발휘하기도 한다. 이런 상태를 유도하기 위한 여러 과정이 바로 "최면유도법"이다.

최면은 어떤 특별한 사람에게만 나타나는 신비한 현상이 아니라 사람이라면 누구나 경험할 수 있는 자연스러운 정신 작용이다.

예를 들어, 흥미로운 영화나 책에 완전히 몰입해 시간 가는 줄 모를 때, 좋아하는 일을 하다가 주변이 전혀 눈에 들어오지 않을 때 등, 이런 순간들은 모두 자연적인 최면상태라고 할 수 있다.

우리가 집중력과 상상을 한곳에 모으는 순간, 이미 마음은 최면과 비슷한 흐름 속에 들어가 있는 것이다.

다만, 자연적인 최면은 스스로 들어가고 스스로 빠져나오지만, 의도적으로 유도하는 최면은 그 상태를 유지하며 마음의 깊은 곳을 다루고, 긍정적인 변화를 이끌어낼 수 있다.

자기최면과 타인최면

최면은 두 가지로 나뉜다.

하나는 스스로 자신을 최면상태로 유도하는 '자기최면', 다른 하나는 최면사가 상대에게 유도하는 '타인최면'이다.

자기최면은 스스로 유도해야 하므로 다소 어렵지만, 충분한 연습과 집중을 통해 누구나 익힐 수 있다.

보통 2주에서 4주 정도 꾸준히 연습하면 가능한 경우가 많다.

가장 효과적인 방법은 전문가에게 타인최면을 몇 차례 받아본 뒤, 그때 사용된 암호(후최면암시)를 통해 자기최면으로 들어가는 것이다.

자기최면을 위해선 다음 세 단계를 거친다.

1. 전문가의 도움으로 최면 트랜스 상태를 경험한다.
2. 자기최면으로 들어갈 수 있는 간단한 암호(예: "카이로스")를 부여받는다.
3. 암호를 스스로 되뇌며 최면상태에 진입하고, 자기개선을 위한 암시를 적용한다.

예를 들어, "카이로스"라는 암호를 세 번 반복해 최면상태로 들어갈 수 있다면, 언제 어디서든 스스로 편안히 마음을 가라앉히고 자기암시를 할 수 있게 된다.

이 방법은 자기최면을 배우는 가장 간단하면서도 강력한 방법이다.

2. 최면의 오해

최면을 처음 접하는 사람들은 종종 막연한 두려운이나 오해를 갖는다.

하지만 최면은 미신적인 것이 아니라, 마음의 작용을 이용한 과학적 심리기법이다.

아래는 자주 나타나는 대표적인 오해들이다.

1) 최면에 걸리면 조종당한다는 오해

최면에 걸렸다고 해서 자신의 의지를 잃는 것은 아니다.

피최면자는 여전히 자신의 생각과 선택을 유지하며, 최면사는 단지 내담자가 스스로 문제를 해결하도록 돕는 역할을 한다.

즉, 최면은 조종이 아니라 협력의 과정이다.

상담사가 도와주는 것은 '스스로의 힘을 깨닫는 일'이지, 통제하는 것이 아니다.

무대 최면처럼 사람들에게 웃음을 주는 공연에서 나오는 행동들은 사전에 동의하고 참여한 사람들만 가능하다는 점을 잊지 말아야 할 것이다.

2) 최면 중에는 비밀이 다 드러난다?

최면상태에서도 판단력은 유지된다.

말하고 싶지 않은 비밀은 충분히 감출 수 있다.

최면 중에 불편한 주제가 나오면 언제든 피하거나, 상담사의 질문에 "그만하겠습니다."라고 말할 수 있다.

인간의 보호 본능은 최면상태에서도 그대로 작동한다.

즉, 자신에게 불리하거나 원치 않는 암시는 자동으로 거부하게 된다.

따라서 최면 중에도 윤리나 도덕적 기준을 벗어나는 일은 일어나지 않는다.

3) 혹시 깨어나지 못하면 어떡하죠?

최면은 자연스럽게 깨어날 수 있는 안전한 상태이다.

깨어나고 싶으면 언제든 스스로 깨어날 수 있고, 깨어나지 않고 그대로 두면 잠으로 바뀌어 편안히 쉬다가 일어난다.

가끔 깨어나기 싫어하는 경우는,

① 최면상태가 너무 편안해서 계속 있고 싶은 경우,

② 부도덕한 암시로 인해 반항하는 경우,

③ 아직 마음속에서 해결하지 못한 문제가 남아 있는 경우이다.

이때 상담사는 그 이유를 확인하고 안전하게 마무리한다.

4) 의식을 잃거나 기억을 못 할까 봐 걱정된다

대부분의 사람들은 최면 중 일어난 일을 그대로 기억한다.

매우 깊은 최면에 들어간 소수의 경우 일부 기억이 희미할 수는 있지만, 정신이 멀쩡하며 오히려 집중력은 더 높아진다.

5) 정신력이 약한 사람이 최면에 잘 걸린다?

최면에 잘 걸리는 정도는 '정신력'이 아니라 집중력과 몰입력에 따라 달라진다.

최면은 누구나 경험할 수 있으며, 어린이·청소년·노인 모두 가능하다.

중요한 것은 내담자의 의지와 신뢰이다.

'문제를 해결하고 싶다'는 진심이 클수록 최면의 효과는 더욱 커질 수 있다.

정신력이 약한 사람보다 오히려 집중이 잘되는 사람이 최면에 더 잘 들어간다.

6) 최면은 위험하지 않나요?

최면 자체는 위험하지 않다.

다만, 심한 우울증이나 망상, 편집증 등 정신병적 증상을 가진 사람은 주의가 필요하다.

이 경우 전문가가 적절한 방법을 사용하지 않으면 증상이 악

화될 수 있다.

그래서 전문가의 지도 아래 안전하게 진행하는 것이 중요하다.

7) 최면상태에만 들어가면 병이 낫는다?

최면은 '치료 그 자체'가 아니라 치유를 위한 통로이다.

최면상태에 들어간다고 자동으로 문제가 해결되지는 않는다.

그 상태에서 마음의 상처를 다루고, 감정을 풀고, 긍정적인 암시를 받아들이는 과정이 필요하다.

즉, 최면은 치유를 돕는 도구이지, 마법이 아니다.

3. 최면상태

1) 최면상태란 무엇인가?

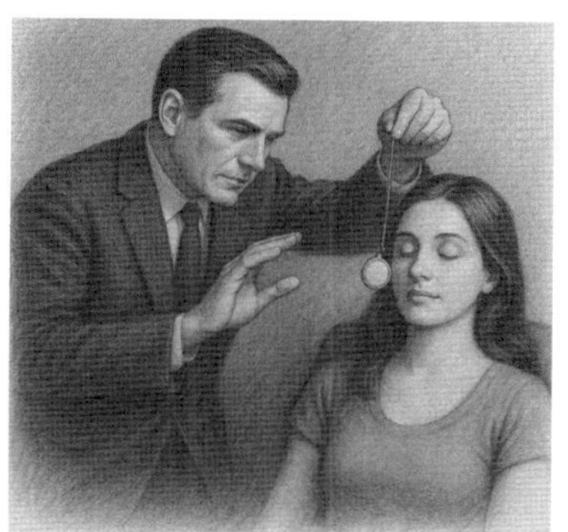

최면상태를 한 문장으로 딱 정의하기는 어렵다.

그만큼 최면은 사람마다, 상황마다 다양한 경험으로 나타나기 때문이다.

어떤 사람은 깊은 휴식과 평온을 느끼고, 또 어떤 사람은 상상 속 세계에 몰입하는 등 폭넓은 경험이 가능한 상태이다.

2) 왜곡된 최면의 이미지

대중이 흔히 떠올리는 최면은 TV나 영화에서 보여주는 모습처럼 마술적이고 신비롭게 왜곡되어 있다. 최면에 걸린 사람이 완전히 조종당하거나, 무슨 일이 있었는지 기억하지 못한다고 묘사되기도 한다.

하지만 실제 최면에서는 그런 일은 거의 없다. 최면상태의 사람은 자신이 무엇을 하고 있는지 분명히 인식하고 있으며, 자신의 가치관에 반하는 지시는 받아들이지 않을 수 있다.

또한 원치 않는 행동을 강제로 하게 되지도 않는다. 눈으로 보는 모습은 마치 다른 세상에 있는 것처럼 보여도, 사실은 완전히 정신이 또렷한 상태이다. 최면이 끝난 후에는 경험한 일을 모두 기억한다.

그렇다면 진짜 최면은 어떤 모습일까? 일상과 임상을 통해 그 실체를 살펴본다.

3) 일상 속 최면 경험

우리는 사실 일상에서도 최면과 유사한 상태를 자주 경험하기도 한다.

재미있는 영화나 책에 몰입해 시간이 금세 흘러간 느낌, 지하철에서 딴 생각에 빠져 안내방송을 놓친 경험, 잠들기 직전 머릿속이 멍해지며 생각이 떠오르는 상태 등.

이처럼 특정 일이나 생각에 깊이 몰입하여 주변 자극을 거의 인식하지 못하는 상태 역시 일종의 최면상태이다.

4) 암시에 의한 최면상태

최면상태는 특정 대상이나 말에 주의를 집중할 때 의식이 좁

아지고, 잠재의식이 드러나는 현상을 말한다. 이때 피최면자는 긴장이 풀리며 마음이 평온해지고 머리가 텅 빈 느낌을 받는다. 일부 의식은 깨어 있어 최면사의 목소리와 현실을 인식하지만, 집중이 암시에 몰리며 비판적 사고는 잠시 줄어든다. 또한 근심, 걱정, 불안이 사라지고, 정신과 신체가 편안함을 느끼게 된다.

깊은 최면상태에서는 황홀함이나 부유감, 몸이 사라진 듯한 느낌을 경험하기도 한다.

사람들은 이 상태를 매우 좋아해서 깨어나고 싶어 하지 않는다. 하지만 원하면 언제든지 깨어날 수 있으며, 불리한 암시는 즉시 거부할 수 있다. 적절한 암시는 목표 달성에 도움을 준다.

5) 최면의 일반적인 상태

최면에서는 여러 가지 특징적인 상태가 나타난다.

1. 상상력 극대화 - 자신이 만들어낸 상상을 실제처럼 느끼거나, 타인의 지시에 의해 경험
2. 의식 변화 - 평소의 의식과 다른 상태 경험
3. 이완과 암시 민감성 - 몸과 마음이 편안해지고 암시에 잘 반응
4. 몰입과 집중 - 한 가지 생각이나 자극에 깊이 집중
5. 해리 경험 - 평상시 자신과 다른 '자신'을 느끼는 상태

6. 심리적 퇴행 - 어린 시절 등 과거로 돌아간 느낌을 경험
7. 역할 수행 능력 - 지시된 역할을 그대로 수행
8. 현실감 왜곡 - 실제와 다르게 경험
9. 논리·이성 기능 일시적 유보 - 비논리적 상황도 받아들이는 경우 발생

6) 최면상태의 변화

최면상태에서는 다음과 같은 변화가 나타날 수 있다.

1. 눈동자가 빠르게 움직이는 급속안구운동(REM)
2. 최면사와의 협력적 신뢰 형성, 라포(Rapport)
3. 신체 긴장과 이완의 극단적 변화, 카타랩시(Cataplexy)
4. 감정이 즉시 드러나는 정서적 변화

4. 최면의 역사

1) 최면의 기원

최면은 오래전부터 사람의 마음과 몸을 치유하거나 의식 의례에 활용되었다.

고대 근동에서는 주술사나 샤먼들이 악기를 두드리며 사람들을 최면상태로 유도했고, 이를 통해 치유력을 높이거나 부족의 결속을 다졌다. BC 928년 그리스의 '잠의 사원' 벽화에는 최면 유도 장면이 그려져 있으며, BC 376년 이집트 궁중 마법사 치차 엠 앙크(Chicha Em Ank)는 최면을 이용한 기적을 기록으로 남겼다.

2) 안톤 메스머(1734~1815)와 동물자기술

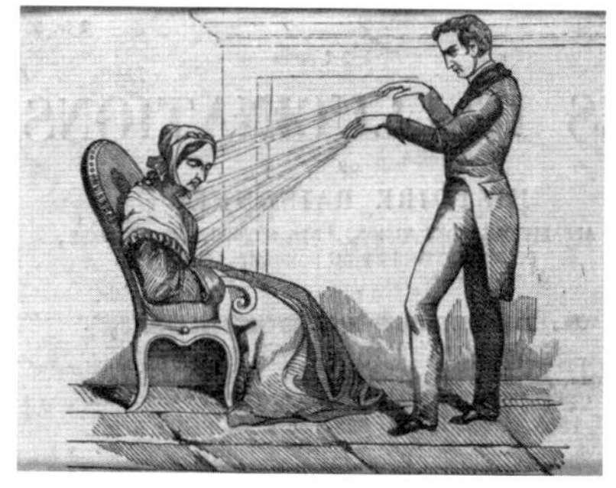

근대 최면의 시작은 오스트리아 의사 안톤 메스머에서 비롯되었다.

그는 인간 몸에 '자력'이라는 에너지가 흐른다고 보고, 이를 이용해 병을 치료하는 '동물자기술'을 개발했다.

환자를 황홀경에 빠뜨리고 자석을 이용한 자기요법으로 치료했는데, 놀라운 효과 덕분에 파리에서 큰 인기를 끌었다.

하지만 메스머의 방법은 과학적 근거가 부족하다는 이유로 결국 정부 조사에서 초자연적이라고 판정되어 쇠퇴했다.

그럼에도 불구하고 그의 '메스머리즘'은 후대의 최면 연구에 큰 영향을 주었다.

3) 제임스 브레이드와 최면술

1840년대 스코틀랜드 의사 제임스 브레이드는 메스머의 이론을 수정하고, 최면을 '인공적인 유사 수면 상태'로 정의했다.

그는 '자기술'을 '최면술(Hypnosis)'로 명칭을 바꿨는데, 이는 그리스어 '히프노(Hypno)'에서 유래한 말로 '잠이 온다'는 뜻이다.

브레이드의 수면학설은 일부 비판을 받았지만, 최면은 이후 외과 수술의 마취수단으로 활용되며 큰 성과를 거두었다.

그러나 마취약 발명 이후 최면은 무대 쇼와 오락물로 변질되면서 대중에게 왜곡된 이미지가 남게 되었다.

4) 리에보(1823~1904)와 직접암시

프랑스 의사 리에보는 최면을 치료적 목적으로 체계화하였다. 그는 환자를 트랜스 상태로 유도하고 직접암시를 줌으로써 질병을 치유하는 혁신적 방법을 개발하였다.

한 환자가 좌골신경통으로 고통받던 중 리에보의 직접암시 치료를 받고 완치되자, 유명 외과의사 베른하임이 직접 확인하고 리에보에게 배우게 된 것이다.

이후 두 사람은 유럽 전역에 최면 붐을 일으켰다.

5) 쟝 마르텡 샤르코(1825~1893)

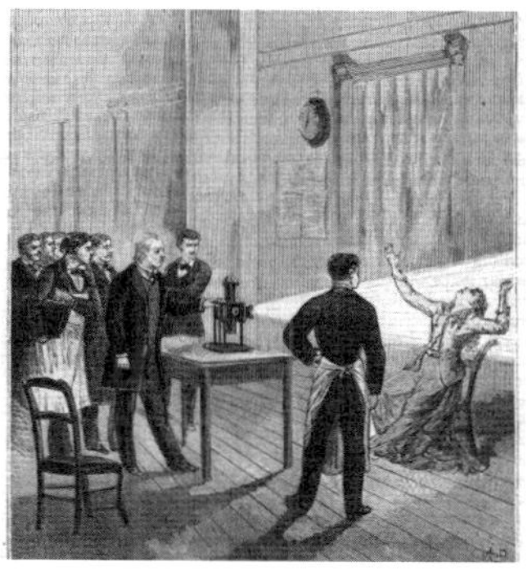

프랑스 신경학자 샤르코는 정신질환 치료에 최면을 적극 활용하며 세계적 관심을 받았다.

전승에 의하면 사르코의 부인이 식물인간이 되어 누워 있을 때 최면을 걸어 일으켜 세우는 기적을 보였다고 한다. 온 유럽에서 사르코의 최면술에 소문을 듣고 프로이트와 많은 사람들이 문전성시를 이루며 최면을 배우는 붐이 일어나기도 했다.

6) 프로이트

프로이트는 베른하임 밑에서 사사하고 있는 동안 무의식이라는 생각에 도달하게 되었는데 그의 무의식의 발견은 20세기의 의학과 심리학의 모든 부분에 깊은 영향을 미치게 했다.

프로이트는 누구나 한 번만이라도 최면현상을 목격한 사람은 잠재의식이라는 존재를 의심할 수 없다고 말한 바 있다. 그러나 프로이트 자신은 잠재의식을 찾아내거나 좋은 방향으로 훈련하기 위한 목적으로 최면을 이용하지 못했다.

그 이유는 그가 이론가로서는 뛰어났지만 최면유도의 테크닉을 구사하는 데 서툴렀기 때문이었던 것으로 알려졌다. 또한 그가 최면 연구에서 힌트를 얻어 정신분석이란 학문을 완성해 내게 되었는데, 그로 인해 자신이 이룩한 학문에 강하게 도취하면서 최면을 외면하게 되었던 것으로 생각된다.

프로이트의 자유연상법도 최면에서 가져온 것으로 보인다.

프로이트 추종자들이 프로이트가 최면을 외면한 동기가 진정 무엇인지 생각해 보지 않고, 프로이트가 버린 것이라며 무조건 배척해 왔던 것은 커다란 실책이었다고 말하지 않을 수 없다.

7) 1차 세계대전과 임상적 확장

1914년 1차 세계대전 당시 전쟁 신경증 환자가 급증하자 최면은 다시 치료적 수단으로 주목받았다. 이후 예일대학의 C. L. 힐 등 학자들이 심리학적 실험을 통해 최면의 효과를 과학적으로 검증하게 되었다.

8) 현대 최면의 발전

1950년대 이후 영국과 미국 의학단체는 최면의 유용성을 공식적으로 인정하였다.

1955년 영국의학협회는 최면을 의료상 가치 있는 수단으로 보았으며, 1958년 미국의학협회는 일반 진료 및 전문 치료의 보조 수단으로 최면을 인정했다.

1982년 스코틀랜드의 글래스고시 국제최면총회에서는 불감증, 통증, 성기능 장애 등 다양한 분야에서 최면이 효과적임을 발표했다. 하버드, 펜실베이니아, 콜롬비아 등 대학에서는 최면 강좌와 전문 클리닉이 운영되고 있다.

9) 범죄수사와 최면

최면은 수사 분야에서도 활용된다. 기억이 희미한 범인의 인상이나 차량 번호를 최면을 통해 떠올리게 하는 최면기억술이 있다. 미국에서는 1959년부터 활용되었으며, 한국에서는 1978년 류한평 박사가 유괴 사건 해결에 최면을 활용한 사례가 있었다.

현재 경찰대학에서도 최면 수사 전문 교육을 진행하고 있다.

10) 국내 도입과 활성화

광복 전 일본의 최면 연구회에서 일부 보급된 최면은, 1960년 초에 김용락 씨가 트레이시 박사의 《최면의 신비》라는 책을 출판함으로써 최면이 눈속임의 마술이 아닌 인간에게 유용한 과학적 방법이라는 새로운 인식을 가지게 하는 데 도움을 주었다. 당시 김용락 씨(한강)는 최면을 보급하고자 서울에 한국최면연구소를 개설하여 문하생 배출을 시도했었는데 그때만 해도 최면 인식도가 너무 낮고 최면을 백안시하던 때라 운영이 잘되지 않아 금방 문을 닫고 말았다.

하지만 류한평 박사는 공개강좌, 최면 서적 발행, 대학 출강 등을 통해 국내 최면 활성화에 큰 기여를 했다. 오늘날 한국 최면은 의학계와 일반인 모두에게 인정을 받고 있으며, 성격 개선, 습관 교정, 건강 증진, 능력 개발 등 다양한 분야에서 활용되고 있다.

5. 최면의 종류

1) 자기최면(Self Hypnosis)

자기최면은 말 그대로 스스로 자신에게 최면을 거는 방법이다.

누구의 도움 없이 혼자서 마음을 안정시키고 무의식의 힘을 끌어내는 것이다.

꾸준히 연습하면 집중력, 자신감, 감정조절 능력이 훨씬 좋아지기도 한다.

방법은 조용한 곳에 앉거나 누워서 눈을 감고 천천히 숨을 고르면서 심호흡을 7회 정도 한 후 "나는 지금 점점 편안해진다." 같은 말을 마음속으로 되뇌어 본다.

억지로 하려 하지 말고 그저 몸과 마음이 자연스럽게 풀리도록 맡기는 것이다.

이걸 꾸준히 하면 짧은 시간 안에도 마음이 차분해지고 깊은 안정감을 느낄 수 있다.

2) 타인최면(Hetero Hypnosis)

타인최면은 전문가가 다른 사람에게 직접 최면을 거는 방법이다.

상담이나 치료 현장에서 가장 자주 쓰이는 방식이다.

심리치료, 습관 교정, 통증 완화 등 여러 분야에서 활용되고 있다.

여기서 제일 중요한 건 신뢰감이다.

상담사(최면사)와 피최면자 사이에 믿음이 생겨야 한다.

무의식이 열리고 최면이 더 깊게 진행되려면 라포가 중요한 것이다.

최면사는 목소리 톤, 시선, 호흡 같은 비언어적인 부분까지 활용해서 상대가 안정되도록 이끌어준다.

이렇게 해서 억눌린 감정이나 기억을 탐색하고, 긍정적인 변화를 만들어간다.

3) 자율훈련(Autogenic Training)

자율훈련은 심신 이완과 자기조절을 위한 방법이다.

쉽게 말해, 자기최면과 명상의 중간쯤 되는 기술이다.

이건 독일의 슐츠 박사가 만든 방법으로, 몸의 감각에 집중하면서 마음을 편안하게 만드는 방식이다.

예를 들어 "내 팔이 무겁다." "심장이 고르게 뛴다." 등의 문장을 마음속으로 반복하면서 몸의 느낌을 느껴보는 것이다.

이걸 자주 하면 혈압이나 심박수, 근육 긴장 같은 것도 자연스럽게 조절할 수 있게 된다.

그래서 불안이나 불면, 스트레스 완화에 정말 좋으며 병원이나 상담 현장에서도 자주 활용하는 방법이다.

4) NLP 최면(Neuro-Linguistic Programming Hypnosis)

NLP 최면은 신경언어프로그램(NLP)을 활용한 현대적인 최면법이다.

쉽게 말하면, 사람의 언어 습관과 사고 패턴을 분석해서 그 사람에게 맞는 암시를 주는 방식이다.

예를 들어 시각적으로 생각하는 사람한테는 "눈앞에 밝은 빛이 퍼지는 걸 느껴봐." 같은 표현이 효과적이고, 청각적으로 반응하는 사람한테는 "잔잔한 음악이 들리듯 평온함이 느껴져요." 같은 말이 좋다.

이렇게 사람마다 다르게 접근하면 무의식 속 신념이나 감정을 더 빠르게 바꿀 수 있다.

그래서 NLP 최면은 상담뿐만 아니라 리더십 교육이나 자기계발, 코칭 같은 데서도 많이 쓰인다.

6. 최면의 과학성

최면은 일반 상태와 다르게 활성화된다는 걸 확인했다.

즉, 최면은 단순한 상상이나 연극이 아니라, 무의식의 정보처리 과정이 바뀌는 실제 심리·생리적 현상이라는 게 밝혀진 것이다.

그래서 최면은 의료, 심리, 교육 등 여러 분야에서 객관적인 근거를 가지고 활용되고 있다.

최면은 마법이 아니다.

최면을 통해 보이는 신비스러움은 최면의 신비함이 아니라, 인체와 두뇌의 신비함일 뿐이다.

마술사가 보여주는 마술이 얼핏 보기에는 신기해 보여도, 그 원리를 알면 별것도 아니듯이, 최면 역시 최면의 과학적 원리를 알면 최면에 대한 신비함은 사라지게 될 것이다.

최면은 미신이 아니다.

가끔씩 최면을 통해 전생의 기억과 미래의 모습들을 보여주는 최면술사들이 신문과 잡지 등에서 소개되고는 하지만, 이들이 최면으로 그러한 신비주의적인 일을 한다고 해서 최면 자체를 신비주의로 몰아붙이는 오류를 범할 필요는 없다.

컴퓨터로 사주를 보여준다고 해서, 컴퓨터가 미신이 아닌 것처럼, 최면으로 전생과 미래를 보여준다고 해서 최면 자체가 미신이 될 수는 없다.

최면은 단순한 도구일 뿐이다.

사주와 미신에 대한 개인의 믿음은 개인의 몫이다. 전생을 보여주는 최면, 빙의 최면도 있지만, 개인적으로 전생이나 빙의령(조상령) 등의 불교적인 무속사상을 신뢰하지 않는다. 최면을 단순히 개인발전 프로그램의 종속물로 생각하는 것도 다소 무리가 있다. 최면은 매우 과학적이며 21세기 현대인의 마음을 치유하는 놀라운 광범위한 학문이기 때문이다.

물론 정신의 변화를 통해 개인의 발전을 꾀하는 처세술 프로그램으로서 활용하는 경우도 많지만, 그것만이 최면의 전부라고 생각하기에는 한계가 있다. 전문적인 의학치료에 있어서도 최면은 큰 영향을 발휘하기 때문이다. 최면은 개인발전 프로그램의 상위개념으로서, 인간정신에 도움을 주는 심리 요법으로 봐야 할 것이다.

최면은 의학적인 분야에서만 활용되는 것도 아니다.

최면은 다른 정신 요법과는 다르게 일반인들이 쉽게 익히고 활용할 수 있는 기술적 용이성을 가지고 있다. 최면을 거는 것은 누구나 가능하고, 누구나 걸리기 때문이다. 이처럼 활용이 쉬운 기법을 의사들의 전매특허로만 허용한다는 것은, 넘쳐 나는 자원을 그대로 하수구에 버리는 것과 다를 바가 없다. 암시만 잘 다루면 부작용이 전혀 없는 최면을 제한하려 하지 말고, 누구나 손쉽게 활용할 수 있는 최면기법을 개발하고 연구함으로써 많은 분야에서 활용하고 치유에 효율성을 기할 수 있도록 하여 온 국민의 대체의학으로 이어나가야 한다.

최면은 인간의 심리와 정신을 잘 분석한 과학이다.

최면에 대한 이야기를 꺼내다 보면, 대게 비슷한 반응을 보이곤 한다.

"최면? 그게 되기는 되니?"
"최면? 조금 꺼림직해."

뭐, 이런 식의 반응들이다.

최면에 대한 이야기를 꺼내면, 호기심이 생기는 부류와 의심을 가지는 부류들이 일반적일 뿐 진지하게 최면을 바라보는 경우는 극히 드물며 제대로 된 지식을 가진 사람도 일부일 따름이다. 그렇다고 최면에 대해 사람들이 아예 모르는 것도 아니다. 영화나 드라마, 혹은 쇼 프로 등에서 자주 최면을 보아 왔고, 기본적인 최면의 원리에 대해서도 잘 알고 있다.

최면은 정신의학분야 분파(分派)에도 기여하고 있다.

단순한 호기심의 대상이 아니며, 믿고 안 믿는 수준의 개념이 아니다. 존재하는 현상이며, 분석해야 하는 대상인 것이다. 실제 임상에서 사용되고 있으며, 최면을 활용한 다양한 기법들이 연구되고 있는 의학적 기술인 것이다.

실제로 미국의학협회(AMA), 미국 정신과협회(APA), 미국 심리협회 그리고 영국의학협회, 세계보건기구(WHO)에서 정신치료의 한 분야로서 정식으로 인정을 하고 있다.

또한, 미국최면사고시위원회(ACHE), 미국상담심리치료학회(AACPT) 등의 국제 공인 인증기관이 있다.

미국 LA 로드랜드 유니버시티 세계 유일의 최면대학이 있으며 의사, 한의사, 상담가, 최면가 등이 수학하여 각계각층에서 활동 중이다.

일본최면은 한국최면보다 훨씬 오랜 역사가 있으며 일본 오사카에 日本催眠協会 본부가 있다.

최면상태를 흔히 잠과 비교하기도 한다.

최면과 잠은 비교될 수 있을 만큼의 유사성이 존재한다. 그러나 많은 부분에서 잠과 최면은 차이가 있다. 먼저 꿈과 최면은 뇌파 상태가 다르다. 다음 그림은 수면 상태의 뇌파 그림이다.

잠과 최면상태의 상대적 특징을 부각시키기 위해 파장의 크기 등은 약간 왜곡하였지만, 기본적으로 잠은 아래와 같이 4단계 순서로 빠지게 된다.

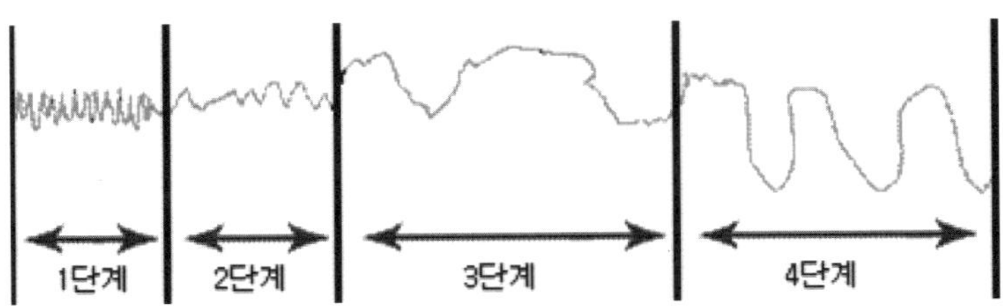

1단계는 일반적인 상태다. 눈뜨고 활동하는 단계다. 이때 뇌파는 주파수 8~13㎐의 베타파 형태를 띠게 된다.

2단계는 누워서 잠이 들기 직전의 상태다. 몸과 마음이 편안해지고, 머릿속이 편안해지는 상태로, 14~26㎐의 뇌파가 나타나는 알파파 상태다.

3단계는 잠이 든 상태고, 4단계는 매우 깊이 잠든 상태다. 3단계와 4단계에서는 델타파가 나오게 된다. 이때의 뇌파 주파수는 0.5~3㎐가 된다. 이 상태가 되면, 주위를 인식하지 못하고, 의식은 깊은 잠에 빠져 있게 된다.

최면상태는 잠의 4단계 중, 2단계의 특성이 나타나게 된다. 다시 말해 잠이 들기 직전의 상태다. 몸과 마음이 완전히 이완되어 잠이 들려고 하는 직전의 상태인 것이다. 이대가 최면상태다. “어 그렇다면 정신이 몽롱하고 의식이 없는 상태네?” 개인의 경험에 비추어서 이렇게 생각하는 사람도 있을 것이다. 그러나 일반적으로 경험하는 잠들기 바로 직전의 상태와 최면상태는 조금 다르다.

최면상태에서는 의식이 눈떠 있게 된다. 여기에 대해서는 다음에 언급하기로 하겠다.

최면은 과학적으로 연구되고 있는 학문이며, 그 응용 범위가 광범위하기에 심리, 의학, 국방 등에서 적극적으로 활용되고 있는 분야이기도 하다. 최면에 대한 선입견을 접고, 최면을 있는 그대로 바라보게 된다면, 우리는 최면을 통해 놀라운 기쁨과 행복을 얻을 수 있게 될 것이다.

7. 최면의 적용과 응용분야

최면의 응용분야는 실로 무궁무진하다.

학습, 건강, 예술, 스포츠 등등 사람의 능력이 필요로 하는 곳이라면 어떤 형태로든 최면의 기술은 사용될 수 있다.

1) 최면을 통한 정신 자세의 변화 - 집중력, 자신감, 의지력

정신력의 변화에 따라 얼마나 많은 일들의 성패가 좌우되는지는 사례를 들지 않아도, 개인의 경험에 의해 충분히 인식할 수 있다. 아무튼 최면을 통해 집중력과 의지력, 그리고 자신감을 고취함으로써 개인의 무한한 발전을 이룰 수가 있다.

- 구체적 적용 분야: 학생, 대입을 앞둔 수험생, 시험을 준비하는 고시생, 산만한 아이들

2) 최면을 통한 창조력 고양

창조를 한다는 것은, 예술적 완성도를 가진 작품을 만든다는 것은, 사실 엄청난 고통을 수반한다. 창조는 죽음의 고통이라고까지 했다. 하나의 창조물을 만들기 위해, 만든 이는 창조물의 가치만큼 자신의 수명을 내놓는다. 그만큼 힘들고 처절한 과정이다.

창조력은 감수성에서 비롯된다. 그리고 상상력에서 비롯된다. 사람이 가진 감수성과 상상력은 개인마다 차이가 있다. 그러나 대부분의 사람들은 자신의 감수성과 상상력을 세상의 논리에 가두고 살아간다. 스스로 창조력을 제한하고 있다는 말이다. 창작의 작업이 고통을 수반하는 이유는 이처럼 살아가는 행위의 논리에 감추어진 개인의 감수성과 상상력을 일깨우는 일이 힘들기 때문이다.

기존에 받아왔던 교육과 사회적 논리 체계하에서, 감수성과 상상력을 일깨우는 일은 사회 전체에 대한 혁명과 같은 정도의 에너지를 필요로 하는 일이기 때문이다. 최면은 이처럼 힘든 창조력을 발동시키는 데 큰 도움을 준다. 구속되어 있는 의식과 자유로운 무의식의 경계를 넘나드는 과정인 최면은 잠든 창조력을 일깨우는 새로운 계기가 될 수 있다.

- 구체적 적용 분야: 작가 지망생, 디자이너, 프로그래머, 영화, 음악 관련 종사자

3) 최면을 통한 건강 증진

정신, 심리에서 비롯되는 병은 무수히 많다. 거의 대부분의 병은 정신에 의해 영향을 받는다. 많은 병의 발병 원인이 정신의 직접적 원인에 의한 것이고, 설령 정신이 직접적인 발병 원인이 아닌 경우라 할지라도 환자의 정신 상태에 따라 병의 경중(輕重)

이 달라지게 된다. 인간의 몸에 침투하는 모든 병은 직간접적으로 정신에 의해 조절된다고 볼 수 있는 것이다. 암을 이겼다든가, 당뇨가 없어졌다든가 하는 과학을 뛰어 넘는 신비하기 그지없는 사례가 아마 백과사전만큼은 나올 것이다.

최면은 정신에 영향을 끼치는 영양제다. 또한 정신의 백신이며 직접적인 해결방안이기도 하다. 최면을 통해 문제의 소지를 예방하며, 문제를 해결하며, 몸을 가꾸는 능력을 얻을 수 있게 된다.

- 구체적 적용 분야: 불면증, 심리불안, 고혈압 등의 스트레스성 장애, 수술 전후 예후

4) 최면의 활용

최면은 인간의 정신세계에 직접 침투해서 정신세계의 변화를 유도하는 작업이기 때문에 사람의 지력(知力)이 필요한 경우라면 어느 분야건 매우 중요한 역할을 수행할 수 있다.

최면은 주로 심리적(정신적) 문제를 해결하는 데 도움이 되지만 그 밖에도 여러 가지 분야에서 활용할 수 있다. 다음과 같은 분야가 최면으로 도움을 받을 수 있는 것들이다.

적용분야	적용 해결과 효과성
내과적 활용	통증 완화와 스트레스 완화에 도움을 준다. 스트레스로 악화되는 다양한 질환의 치료 과정에 보조적으로 활용된다. 스트레스 감소는 면역력 향상과 회복력 증진에 긍정적 영향을 준다.
치과적 활용	치과 치료 시 불안과 긴장을 효과적으로 완화한다. 마취제 사용량을 줄이거나 경우에 따라 무마취 치료도 가능하다. 출혈 감소와 치료 후 회복 촉진에 도움을 준다.
법적 활용	수사 과정에서 기억 회상이나 단서 파악에 참고 자료로 활용된다. 최면 상태의 기억은 왜곡되거나 부정확할 가능성이 있다. 이로 인해 법적 증거로는 일반적으로 채택되지 않는다.
교육 활용	집중력을 높이고 학습에 대한 흥미를 유도한다. 이완과 심상 기법으로 학습 몰입도를 향상시킨다. 시험 불안 완화와 자신감 강화에 도움을 준다.
사업 활용	발표나 브리핑 시 사고 정리와 전달력을 높인다. 조직 내 의사소통을 보다 원활하게 만든다. 문제 해결과 의사결정의 효율성을 높인다.
스포츠 활용	경기 전과 진행 중에 집중력과 신체 통제력을 강화한다. 불안과 긴장을 완화해 안정적인 수행을 돕는다. 긍정적 암시를 통해 경기력 향상을 유도한다.
정신 분석 활용	무의식에 접근하는 보조 도구로 활용된다. 내면의 갈등을 보다 쉽게 다루도록 돕는다. 통찰과 정서적 이해를 촉진한다.

2장

최면요법

1. 최면요법 정의

1) 최면요법[催眠療法: Hypnotherapy]

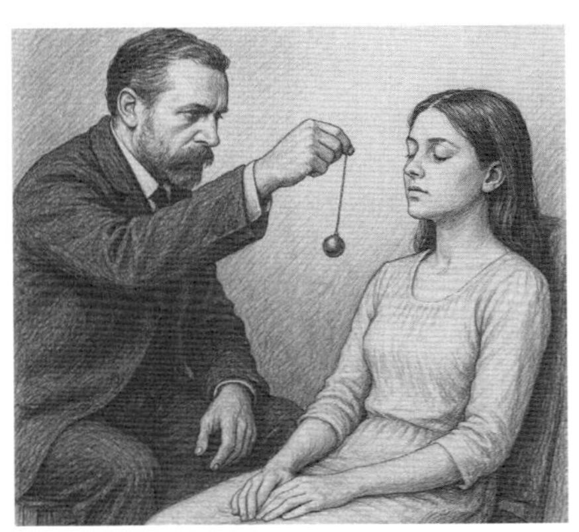

최면요법은 최면을 이용한 심리상담 요법을 가리킨다. 이는 특정한 상태를 개선하기 위해 잠재의식을 이끌어내는 치유 과정이다.

최면술은 여러 의학 및 정신학의 전문가들에 의해 다양한 방식으로 도입되었으며, 여러 이름으로 정의되어 왔다.

대표적인 예로는 S. 프로이트의 정신분석법, J. H. 슐츠의 자율훈련법, J. 월프의 상반금지법(reciprocal inhibition), H. J. 아이젠크의 행동요법(behaviour therapy) 등이 있다. 이들은 처음에는 최면과 별개로 발전했으나, 이후 최면을 도입함으로써 공통된 특성과 독자적인 발전을 이루었다.

최면 중 정신분석을 적용하는 것은 최면분석법이라 하며, 자율훈련법과 행동요법은 특별한 구분 없이 밀접한 관련성을 가진다.

또한, 최면상태에서 심리극을 시행하는 것은 최면극, 놀이치료를 결합한 것은 최면유희법, 면접을 활용하는 것은 최면 면접법이라 부른다. 특히 최근에는 이미지 면접법이 활발히 활용되고 있다.

최면은 여러 심리요법의 유효성을 높이고, 그 적용 범위를 확장하기 위해 대체의학뿐 아니라 정통의학 영역에서도 폭넓게 사용되고 있다.

오늘날에도 일반인들이 최면을 "마술쇼에서의 현혹 행위" 정도로 오해하는 경우가 많지만, 분명히 말하건대 최면은 의학과 심리학에서 활용되는 하나의 치료 수단이다.

따라서 의료적 적용이 이루어질 때 이를 최면요법(Hypnotherapy)이라 부른다.

2) 각 나라의 최면요법 인식

최면의 실용적 정의는 미국의 권위 있는 정신의학자 밀턴 에릭슨(Milton Erickson)으로부터 비롯되었다.

그는 최면을 "피최면자가 의식 아래 숨겨진 사고, 믿음, 기억 등에 접근하여 보다 강화된 의식을 경험하는 상태"로 정의하였다.

에릭슨은 최면 연구를 통해 불치병 환자들의 고통을 완화하고 다양한 치료적 실험을 진행하였다.

그 결과 1955년 영국 의학계는 최면을 공식적으로 인정했고, 1958년 미국 의학계에서도 최면의 의료적 사용이 승인되었다.

이후 1988년에는 세계적인 전문가들이 저술한 교과서 《최면과 기억》을 비롯해 미국 임상최면학회(ASCH) 등 정통 최면의

학 단체들이 활동을 이어가고 있다.

최면요법은 200년 이상 오해를 받아왔지만, 오늘날에는 하나의 독립된 치료 분야로 확고히 자리 잡았다.

3) 최면요법의 시행과 방향

서양의학 밖에는 다양한 치료체계가 존재한다.

서양의학이 주로 증상의 제거에 초점을 맞춘다면, 동양의학은 질병의 근원적 원인을 찾아 치유하려 한다. 예컨대 중국의 전통의학과 인도의 전통의학은 모두 동양의학 범주에 속하지만, 그 내용과 접근은 상당히 다르다.

이처럼 문화권마다 고유한 전통의학이 존재하며, 현대에도 그 영향이 지속되고 있다.

정통 의학 외에도 수많은 대체의학과 민간요법이 존재하며, 이들 대부분은 신념과 인지의 변화를 통해 질병을 치유하려 한다.

그러나 사람들은 자신의 기존 신념체계를 쉽게 바꾸지 않으려는 방어기제를 가지고 있어, 그로 인한 내면 갈등과 심리적 저항이 질병으로 나타나기도 한다.

최면요법은 이러한 무의식 속의 인지 구조를 재형성함으로써 치유를 돕는 방법이다.

최면이 적용되는 대체의학 분야 예시

- 인지치료법
- 웬디 프리즌(Wendy Friesen)의 최면요법
- 환경의학(Environmental Medicine)
- 꿈치료법(Dream Therapy)
- 자연의학(Naturopathic Medicine)
- 명상요법(Transcendental Meditation)
- 기공치료(Qigong Therapy)
- 요가(Yoga)
- 심령치료(Psychic Healing)
- 아바타 코스(Avatar Course)
- 영성치유(Spiritual Healing)

이처럼 최면은 직간접적으로 수많은 심신요법에 활용되고 있다.

4) 최면요법의 응용

"최면상태에서의 경험은 오직 피최면자 개인의 것이다.
최면사는 그가 겪어온 경험에 기초해 암시를 제공할 뿐이다."

— 밀턴 H. 에릭슨

최면요법은 피부 질환(알레르기성 피부염, 아토피 등), 소화불량, 말더듬, 과식, 흡연, 알코올 중독 등 다양한 문제에 효과적으로 적용된다.

영국 최면요법의사협회 보고에 따르면, 금연 프로그램 참가자 중 4명 중 3명이 1단계 후 금연에 성공했다. 부작용 없이 단기간에 효과를 보이는 대표적 사례로 꼽힌다.

보통 사람에 따라 차이는 있지만, 1~12단계 이내에 효과가 나타나며, 특정 문제(예: 흡연, 불안)는 빠르게 개선되는 경우도 많다.

2. 진단과 분류

1) 내담자 상담

최면요법을 시행하기 전에는 반드시 내담자와의 초기 상담을 실시한다. 이 과정을 통해 문제의 핵심과 내면의 패턴을 파악하는 것이 중요하다.

사례

40대 남성 B 씨는 지속적인 불면과 불안으로 내원했다.

여러 병원을 다녔지만 원인을 찾지 못했고, "마음이 늘 긴장되어 있다."라고 호소했다.

최면 중 그는 어린 시절 아버지의 엄격한 훈육 장면을 떠올렸고, 그때의 억압된 두려움이 현재의 불안으로 이어지고 있음을 깨달았다.

2) 최면과 적응증 - 정신과 질병 사례

(1) 우울증

우울증은 단순한 기분 저하나 의지 부족이 아니라, 환경적 스트레스, 유아기 상처, 사회적 요인 등이 복합적으로 작용하는 질환이다.

방치하면 만성화되어 치료가 어려워질 수 있다.

사례

30대 여성 A 씨는 반복되는 실패와 인간관계 갈등으로 무기력에 빠져 있었다.

최면 중 어린 시절 '착해야 사랑받는다'는 강박을 깨닫고, 자기비난의 패턴을 인식하면서 감정이 점차 안정되었다.

이후 감정일기 작성을 통해 회복을 이어갔다.

(2) 심장 신경증

심계항진, 흉통, 호흡곤란, 빈맥 등의 증상이 불안과 긴장에 의해 반복되는 상태를 말한다.

심장에 이상이 없음에도 증상이 지속되는 경우가 많으며, 암시적 자극으로 증상이 강화되기도 한다.

치료에는 이완요법, 암시요법, 자율훈련법 등이 효과적이다.

사례

50대 여성 C 씨는 '심장이 멈출 것 같다'는 공포로 여러 병원을 전전했다.

최면 중 억눌린 불안과 호흡 억제 습관을 자각하고, 심박 변화에 대한 과도한 주의가 불안을 증폭시켰음을 깨달았다.

이후 심호흡과 자기암시 훈련으로 증상이 완화되었다.

(3) 각종 공포증

공포증은 대인공포, 외출공포, 폐쇄공포, 질병공포 등 다양한 형태로 나타난다.

이는 조건반사적 반응인 경우가 많으며, 이완요법과 멘털 리허설법이 효과적으로 사용된다.

사례

20대 남성 D 씨는 발표불안으로 강의 중 말을 잇지 못했다.

최면 중 초등학교 시절 실수 경험이 떠올랐고, 그 기억을 긍정적으로 재구성하며 '자신감' 암시를 반복한 후 점차 발표를 즐길 수 있게 되었다.

(4) 편두통 및 두통

두통의 90%는 심리적 원인에서 비롯된다고 알려져 있다.

억눌린 분노, 실망, 울분 등의 감정이 신체화되어 나타나는 경우가 많다.

사례

40대 직장인 E 씨는 잦은 두통을 호소했다.

그는 "항상 참아야 한다."라는 신념으로 감정을 억눌렀고, 최면 중 억제된 분노를 안전하게 표현하며 "자신을 보호해도 된다."는 새로운 인식을 얻자 두통이 현저히 감소했다.

(5) 불안·초조 신경증

막연한 두려움, 가슴 두근거림, 답답함 등이 주요 증상이다.

자율신경의 부조화와 히스테리적 반응이 함께 작용하며, 이완 요법이 가장 효과적인 치료법으로 알려져 있다.

사례

30대 여성 F 씨는 잠들기 전 이유 없는 불안으로 괴로워했다.

최면 중 어머니의 과도한 걱정 표현이 무의식에 남아 있음을 깨닫고, "지금은 안전하다."라는 자기암시를 반복하며 안정된 수면을 되찾았다.

(6) 빙의와 유사 현상

의학적으로 설명되지 않는 일부 증상 중에는 심리적 요인에 의해 빙의처럼 느껴지는 현상이 있다.

이는 외부 영적 존재가 아니라 내면의 억눌린 감정인 경우가 많다.

사례

60대 여성 G 씨는 "낯선 영혼이 내 몸을 움직인다."라고 호소했다.

최면을 통해 남편의 폭력과 상실의 기억을 마주하자, 그 존재는 억눌린 분노의 상징이었음을 깨달았다.

감정의 통합 과정을 거치며 증상이 사라졌다.

(7) 다중인격장애

1980년대부터 미국을 중심으로 본격적으로 연구된 해리장애(Dissociation Disorder)와 다중인격장애(Multiple Personality Disorder)는, 한 사람의 내면에 평소의 모습과는 전혀 다른 제2, 제3의 인격체가 존재하여 그가 주체를 대신해 행동을 지배하는 현상을 말한다. 이는 환경과 심리 요인이 복합적으로 작용하여 자기와 다른 또 하나의 존재를 만들어 낸 것이다.

사례

20대 후반 여성 H 씨는 기억의 공백이 자주 생기며 "내 안에 다른 사람이 있는 것 같다."라고 말했다. 최면 중 유년기에 겪은 가정폭력의 장면이 드러났고, 그때 만들어진 '강한 나'가 자신을 대신 보호하기 위해 생긴 또 다른 인격체임을 이해하게 되었다. 이후 점진적인 통합 치료를 통해 안정된 자아를 회복했다.

(8) 그 외 증상

알코올중독, 도박중독, 금연, 사랑중독, 게임중독, 빈둥지증후군, 갱년기 및 노인 우울증, 기러기 아빠 우울증 등 다양한 문제에도 최면요법이 활용되고 있다.

사례

40대 남성 I 씨는 도박중독으로 가족과 멀어지고 직장에서도 어려움을 겪었다. 최면상담을 통해 도박이 '현실도피'의 수단이었음을 자각했고, 내면의 공허함을 채우기 위해 운동과 명상을 실천하며 재발 없이 회복 중이다.

3. 최면요법 시행 순서

사전작업	–	최면유도	–	최면암시	–	최면각성	–	결과정리
①		②		③		④		⑤

최면요법의 시행 단계는 총 5단계로 나뉜다.

하나씩 살펴보면 다음과 같다.

1) 사전 준비 단계

최면을 시작하기 전에는 피최면자에 대해 충분히 알아야 한다. 성격, 문제의 성질, 환경적 요인, 자주 가는 장소, 종교, 취미 등을 세밀히 파악해야 한다.

또한 피최면자에게 최면의 개념과 과정을 명확히 설명해야 한다. 최면이 무엇이며 어떤 방식으로 유도되고, 어떤 효과가 있는지에 대해 알려야 한다.

이는 피최면자가 가진 잘못된 인식으로 인해 최면유도가 실패하는 것을 막고, 최면사에 대한 신뢰를 형성해 보다 깊은 최면 상태로 들어갈 수 있도록 돕는다.

필요시, 음악·향기·라이터 등 최면 도구를 미리 준비한다.

최면의 구성

최면의 순서는 다음과 같이 두 단계로 구분된다.

① 트랜스(Trance) 상태로 몸과 마음을 이완시키는 최면유도 단계

② 트랜스 상태에서 목적을 달성하기 위한 암시 단계

최면유도법은 사람마다 반응이 다르므로 한 가지 방식에만 의존해서는 안 된다.

다양한 최면유도 실력을 익혀 상황에 맞게 적용해야 한다.

피최면자에게 알려야 할 기본 사항

- 최면 중에도 의식이 있다. 즉, 주변 상황을 인식할 수 있다.
- 최면 중의 모든 내용을 기억할 수 있으며, 깨어난 후에도 회상 가능하다.
- 최면감수성은 사람마다 다르다.
- 최면 중 느끼는 감정과 체험은 개인차가 있다.
- 원할 때 언제든지 스스로 깨어날 수 있다.

(1) 최면감수성 테스트

피최면자가 최면에 얼마나 잘 반응하는지를 테스트한다.

이 감수성은 최면 성공의 핵심 기준이 되며, 다양한 방법으로 정밀하게 평가한다.

I. 최면감수성 검사 A

다음 설문을 읽고 「언제나 그렇다」면 4, 「보통 그렇다」면 3, 「전혀 그렇지 않다」면 0으로 채점하면 그 정도를 알 수 있습니다. 해당되는 곳에 ○ 표시해 주세요.

〈설문〉

1. 예민한 사람이다.	4	3	0
2. 공상을 좋아한다.	4	3	0
3. 자기 자신을 고칠 수 있다고 믿는다.	4	3	0
4. 남의 감동을 쉽게 받는다.	4	3	0
5. 상상을 잘한다.	4	3	0
6. 영화를 보면 쉽게 감동된다.	4	3	0
7. 복잡한 문제가 생기면 번민에 빠진다.	4	3	0
8. 타인의 관심 끌기를 좋아한다.	4	3	0
9. 방향을 가리킬 때 자상하게 알려준다.	4	3	0
10. 걱정을 많이 한다.	4	3	0
11. 어떤 공포증이 있다.	4	3	0
12. 다투는 일에는 관여하지 않는다.	4	3	0
13. 예능적 일을 즐겁게 한다.	4	3	0
14. 창조적이라고 믿는다.	4	3	0
15. 결정을 충동적으로 한다.	4	3	0
16. 화사한 색깔을 좋아한다.	4	3	0
17. 화를 쉽게 낸다.	4	3	0
18. 자주 질투를 한다.	4	3	0
19. 흥분을 잘한다.	4	3	0
20. 겁이 많다.	4	3	0
21. 남의 아이디어를 빨리 수용한다.	4	3	0
22. 마음의 상처를 쉽게 받는다.	4	3	0
23. 윗사람 말을 잘 따른다.	4	3	0
24. 어둠을 두려워한다.	4	3	0
25. 신경질적이다.	4	3	0

〈채점〉

0~18점: 최면에 걸리려면 특수훈련이 필요한 사람

19~50점: 최면에 걸릴 수 있는 사람

51~80점: 대체로 최면에 잘 걸리는 사람

81~100점: 아주 쉽게 최면에 걸리는 사람

(2) 문제 인식

최면은 특정 목적을 달성하기 위한 암시이다. 어떠한 목적을 달성해야 하는지 명확하게 정리해 놓아야 하며, 상대방의 이야기를 주의 깊게 듣고, 상담하여 잘 인식한 후에 피최면자의 문제점을 사전에 파악해야 한다.

(3) 암시문

상담을 통해 파악한 문제와 대안을 바탕으로 새로운 암시문을 만드는 것도 좋다. 미리 만들어둔 암시문과 후에 사용하는 암시의 차이가 생기거나, 혹은 뒤에 암시의 내용을 수정해야 하는 경우가 있으며 기존암시문은 유용하게 사용한다.

2) 최면유도 단계

(1) 분위기 조성

심리적으로 안정될 수 있는 적절한 실내조명을 유지하는 것이 좋다. 집중을 위해 되도록 어두운 실내조명 상태도 좋지만, 최면을 걸기 위해서는 피최면자에게 불안한 마음이 생겨지 않는 실내조명을 만들어 놓는 것이 좋다. 되도록 조용한 곳에서 최면을 해야 하며, 앞서 준비한 아로마 향, 음악, 조명 등을 이용해 분위기를 조성하도록 한다.

(2) 피최면자의 자세

복식호흡을 유도해서 피최면자가 편안한 상태가 되도록 한 후, 눈을 감게 한다. 소파나 침대에 눕히는 것이 좋다. 여성의 경우 짧은 치마 등을 입었거나 민소매 옷을 입었을 경우 침대에 누워 눈을 감고 있으면 무의식적으로 옷에 신경을 쓰게 되는 경우가 있다. 이럴 경우에 대비해서 담요를 준비한다.

(3) 최면유도

최면유도의 기법 중에 심상기법이 있다. 심상기법은 처음 최면 시에 하는 것이 좋다.

최면이 들어가는 과정 중에 심상기법은 자연스러운 최면을 유도한다.

(4) 유도의 단계

최면을 처음 받을 경우 쉽게 최면상태에 빠지지 않을 수도 있다. 따라서 최면감수성에 어떠한지 진단하고 최면에 대한 거부감을 최대한 없애주기 위해 상담을 충분히 한 후에 최면을 하게 되면 최면유도에 좋은 결과가 있을 수 있다. 최면을 여러 번 받으면 최면에 보다 쉽게 빠질 수 있다. 그만큼 최면에 대한 거부감이 줄어들고 최면사를 신뢰하게 된다. 최면사는 피최면자의 상태를 살핀 후에 최면유도의 시간을 잘 조절하여 피최면자가 최면유도 과정을 지겨워하지 않도록 신경 써야 한다.

3) 최면암시를 통한 단계

최면유도의 연장선상에서 구체적으로 최면을 걸기 위해 피최면자에게 문제 원인을 알아내기 위해 암시를 준다. 최면은 한 번에 이루어지지 않음을 알아야 한다.

(1) 최면에 대한 믿음과 최면사에 대한 신뢰 형성 단계

처음 최면을 접하는 피최면자의 경우 최면사에 대해 신뢰를 기대하는 일은 어렵다. 따라서 최면사에 대한 인식을 좋게 하고, 암시 효과를 높이기 위한 기초 최면 암시가 필요하다. 이 작업은 후최면 암시처럼 최면의 마지막에 사용해도 좋고 이 작업만으로 1단계의 최면 암시를 구성해도 된다.

(2) 감정해소 단계

1단계를 두어 차례 반복하게 되면 피최면자와 최면사 사이에는 신뢰감이 형성되게 된다. 이를 기반으로 피최면자의 기억 속에 잠재되어 있는 불편한 감정을 해소하는 최면을 수행한다. 최면은 기본적으로 마음과 몸이 하나로 작용할 수 있다.

따라서 심리적인 감정상태는 신체적인 조건과 연결되어 근육 및 신경계통에 나타날 수 있다. 불안의 심리는 심장이나 위장의 고통으로 연결되고 불안하면 심장이 두근거리거나, 속이 쓰린 사람이 많다.

스트레스의 마음은 두통을 유발하기도 한다.

그러나 신체적 고통을 없애기 위해서는 심리적 안정상태를 회복하는 것이 좋지만, 오히려 신체적 해소를 통해 심리적 안정을 도모할 수가 있다.

(3) 심상 단계

최면유도에서 사용된 심상기법은 최면 암시, 즉 최면에서도 자주 사용된다. 심상단계를 거치며 피최면자는 마음의 안정을 찾게 된다. 이 최면은 후최면 암시로 사용하며 피최면자가 심상 단계만으로도 최면의 목적을 달성하기도 한다. 이 최면 역시 일주일에 두어 번 반복한다.

(4) 심화 암시 단계

자기최면에서의 자기 암시의 내용이 그대로 적용된다. 다시 말해서 문제 분석을 잘하여 적절한 암시문을 개발한다. 이 단계에서 중요한 것은 후최면 암시의 강도를 높여 평상시 생활하면서도 개인의 생활에 최면 암시의 효과가 작용할 수 있도록 해주면 좋을 것이다.

심화암시 단계는 문제와 상황에 따라 매번 다른 형태로 진행할 수도 있고, 반복해서 진행할 수도 있으며 최면 최면사의 몫이라 할 수 있다.

(5) 최면사와 피최면자와의 대화

최면상태에 빠진 사람과 대화식 최면은 쉽지 않다. 극도로 몸을 이완시키기 때문에 말을 하게 되면 그것만으로도 입에 긴장이 들어가게 되고, 이로 인해 최면이 어려워질 수 있다. 최면을 하다 보면 최면사와 피최면자 사이에 대화가 필요한 경우가 있다. 이런 상황에서는 간단히 피최면자와 대화를 하면 된다. 예를 들어 "세상에서 가장 편안한 곳을 상상하시고, 상상이 끝나면 오른손의 집게손가락을 살짝 움직여 주십시오."라는 식으로 유도하는 것도 좋다.

4) 최면각성(종결 단계)

최면에서 깨어나는 것을 말하는데 최면을 유도하고 최면을 잘 거는 것도 중요하지만 최면에 걸려 있는 상태에서 깨어나게 하는 것도 중요하다. 최면 마무리를 하면서 곧 최면을 마치고 깨우겠다는 예고를 해주면 좋다.

특히, 최면에 깊게 걸린 피최면자는 깊이 잠든 사이 순간적으로 깨어나지 못하고 조금씩 서서히 깨어나며 다소 시간이 걸리는 경우가 있다. 피최면자를 최면에서 갑작스럽게 깨우게 되면, 깨어난 후에도 한동안 불편한 상태를 경험한다.

5) 결과 정리

타인최면은 피최면자의 기분과 감정 상태에 대해 최면이 끝난 이후라도 대화를 좀 나누는 것이 좋다. 피최면자의 기분을 맞춰, 보다 세분화된 유도와 암시를 다음 최면에 사용하기 위해서이다.

자기최면 역시 마찬가지이다. 어떠한 점에서 부족했고, 문제가 있었는지 정리해야 다음에 같은 실수를 하지 않는다.

최면은 보통 1시간에서 1시간 30분 소요된다. 아무리 머리가 좋은 사람이라 할지라도 1시간 이상 정도의 최면 진행에 대해 모두 기억하는 사람은 없다. 추후 최면을 위해 최면에 대한 자세한 내용들을 노트에 기록해 두는 것이 좋다.

최면 이후에 최면사와 피최면자 사이에 대화를 나누는 일은 무척 바람직하다. 최면상태에서 경험했던 내용을 의식상태에서 다시 생각해 보면 달리 받아들여지는 부분도 있을 것이고, 새롭게 경험되는 부분도 있을 것이다. 이 과정을 통해 최면사와 피최면자는 서로 공감대를 넓힐 수 있는 기회를 가지게 되며 이해력이 생겨 피최면자는 최면사를 더욱 신뢰하게 된다.

4. 철저한 사전작업과 대처법

1) 최면시행에 앞서 알아두어야 할 사항들

(1) 철저한 준비

최면에 있어 가장 중요한 것은 준비이다. 적절한 장소와 음악, 아로마 향기 등을 준비하고, 최면을 위한 각종 암시기법, 유도기법 등을 마스터하는 일은 준비의 기본이라고 할 수 있다. 그리고 피최면자에 대한 이해를 높이기 위해 미리 공부하고, 사람들의 대화를 잘 들어주는 일 역시 최면사의 기본적 자세에 속한다고 할 수 있다.

(2) 최면 상담을 이용해도 좋다

피최면자가 최면사에게 자신의 속내를 밝히지 않는 경우가 많다. 부끄러운 과거일 수도 있지만, 명확하게 기억하지 못하기 때문인 경우도 많다. 이 경우 최면 상담을 하는 것도 하나의 방법이다. 최면유도 하면서 좋아하는 장소, 행복하고 좋았던 시절, 취미, 싫어하는 것, 현재 문제가 되는 것을 파악하게 되면 보다 정확한 내용을 얻을 수 있다.

(3) 라포(rapport)를 형성한다

라포란 최면사와 피최면자 사이에 존재하는 신뢰감을 말한다.

신뢰감이 존재하지 않으면 최면 치료는 이루어지지 않는다. 최면에 대한 피최면자의 저항이 있다면 최면이 진행되지 않는다. 최면 전에 충분히 대화하며 피최면자와의 신뢰를 쌓아야 한다.

(4) 적절한 기대감을 조성해 둔다

최면 전에 상담을 통해 최면효과에 관해 피최면자가 기대할 수 있도록 한다. 좋은 기대가 좋은 결과를 낳을 수 있다.

(5) 권위적인 것이 좋다

처음 보는 사람에게 최면을 거는 경우라면 부드럽게 나가는 것이 좋다. 피최면자는 긴장하기 마련이고, 지나친 긴장은 라포 형성에 절대 도움이 되지 않기 때문이다. 그렇지만 절대 권위를 잃어서는 안 된다. 최면은 상당 부분 권위에 의존하는 바가 크다. 최면사가 명령을 내리면 피최면자는 따라 하는 것이 최면이다. 따라서 최면사가 하는 말을 그대로 행동하기 위해서는 권위적인 것이 바람직하다. 물론, 최면사의 말에 그대로 따라 하는 정도는 피최면자의 의지가 가장 크게 작용한다.

2) 피최면자의 예상치 못한 행동에 대한 대처

(1) 피최면자가 눈물을 흘릴 때

피최면자가 눈물을 흘리면 이것은 어느 정도 최면이 깊어진 것이다. 따라서 최면사는 당황하지 말고 바람직한 현상으로 봐야 한다. 다만 눈물을 흘리게 되면 얼굴에 눈물의 감각이 느껴지게 되어 더 깊은 최면이 불가능해지는 경우가 있으니 부드러운 티슈를 준비해서 닦아주는 것이 좋다.

(2) 전반적인 신체 이완 상태

감정해소 단계나 퇴행최면의 경우 오랫동안 소리를 지르거나 눈물을 흘리게 되서 피최면자가 기진맥진하는 경우가 생길 수도 있다. 이 경우 물을 준비해 조금씩 먹이는 것이 좋다.

(3) 빙의현상을 보일 때

평소에 빙의체험을 하는 환자인 경우는 전문적으로 빙의최면을 통해 해결도 가능하지만, 그렇지 않은 피최면자일 경우는 몹시 두려워하므로 복식 호흡을 유도한 후 피최면자의 기억 속에 남아 있는 잠재의식의 발로인 것임을 차분히 설명해 주고 대부분의 빙의현상은 가라앉는다.

(4) 깊은 최면을 거부하는 경우

간혹 최면을 하다 보면, 피최면자가 깊은 최면으로의 이완을 거부하는 경우가 있다. 최면을 받게 되면 자신의 비밀을 말하게 될 것이라는 두려움을 가지고 있다거나, 최면을 통해 자신도 모르는 행동을 하게 될지도 모른다고 걱정하기 때문에 생겨나는 일이다. 이 경우 최면에 대해 이해할 수 있도록 각성 후에 두려워하는 것에서 충분한 설명 후에 다시 최면을 해주는 것도 좋을 것이다.

(5) 최면상태에서 깨어나지 않은 경우

최면상태에서 피최면자는 의식이 있다. 최면상태에서 깨어나지 않은 경우는 대부분 과거의 행복한 기억을 회상하고 있거나 그 기억에서 나오지 않고 싶어 하기 때문이다. 이런 경우, 그냥 그대로 잠시 동안 그 기억 속에 놔두는 것이 좋은 방법이다. 과거 행복한 기억 속에 그대로 있게 된다면, 피최면자는 최면 이후에도 강한 자신감과 활력을 얻을 수 있게 되며, 이는 최면의 효과를 높이는 하나의 요소가 된다.

대략 10분 정도 기분을 느끼게 한 후, 천천히 최면에서 깨어나게 한다. 대략 10~20분 정도의 암시를 주게 되면 누구나, 100% 최면에서 깨어나게 된다. 최면상태에서는 최면사의 말을 그대로 받아들이기 때문에, 지속적으로 깨어나는 암시를 하게 되면 피최면자는 깨어나게 되어 있다. 다만 너무 갑작스럽게 깨어나게 하면 최면 이후에 좋지 않은 기분을 느낄 수도 있기 때문에 천천히 깨우는 것이 좋다. 만약 시술하는 곳이 편한 곳이라면, 잠을 재우는 것도 하나의 방법이 될 수 있다.

3) 부작용에 대한 염려와 대처

단순히 최면을 유도하는 것만으로는 부작용은 없다. 다만 최면감수성이 높은 사람에게 역행하는 암시를 준다거나 최면상태에서 무의식의 갈등이 자연적으로 올라와서 고통스러울 수 있다. 어린 시절의 정신적 충격이 잠재되어 있는 경우 간혹 억압되었던 기억이 떠오를 수도 있는데 이것을 다룰 능력이 부족한 최면사는 감당하기 어려울 수 있다. 그러므로 전문적 소양이 부족한 사람은 매우 난처해질 수가 있다. 전문가에 의한 최면은 전혀 부작용이 없으며, 효과를 보고 있기 때문이다.

4) 부작용을 예방하는 방법

(1) 재미 혹은 여흥을 위해 최면을 하지 않는다.
(2) 권위적인 증상제거를 하지 않는다.
(3) 탐구는 조심스럽게 한다.
(4) 정확한 진단을 한 다음에 최면을 한다.
(5) 최면을 원할 때에만 한다. 보호자는 원하고 피최면자는 원하지 않는 경우 억지로 해보아야 별로 도움이 안 된다.
(6) 최면사 스스로 생각하기에 자신이 없거나 무언가 꺼림직한 환자에게는 하지 않는다.

5) 최면의 금기사항

(1) 정신분열(조현)증에서 피해망상의 대상이 의사이거나 그 내용이 터무니없을 경우

(2) 여러 종류의 치료에도 반응하지 않으면서 자살 시도력이 있는 심한 우울증 환자가 최후의 시도라며 최면을 원하는데 경제적 여건이 따르지 않는 경우(이 경우는 피최면자에게 좌절감을 줄 수 있기 때문이다.)

5. 최면유도

1) 최면유도의 종류

(1) 도형 상상법

밑 그림 중 어느 하나에 시선의 초점을 두고 몇 초간 응시한 후에 눈을 감는다. 그리고 조금 전에 보았던 도형을 마음속에서 그려본다.

(2) 사물 상상법

눈을 감고, 사과나 귤과 같은 과일, 전화나 자동차 같은 사물 중 하나를 골라 생각해 본다. 상상한 사물이 어떤 모습인지, 어떤 느낌인지 가만히 이미지를 만들어 본다.

상상할 때는 앞모습, 옆모습, 뒷모습 등을 모두 상상한다. 이미지를 상상할 때는 그 느낌까지 생각해 본다. 과일을 상상하는 경우라면 입안에 침이 고이는 경험을 그대로 느껴보도록 하자. 자동차라면 자동차를 타고 여행을 하고 있는 상황까지 상상해 본다.

(3) 좋아하는 사람을 생각하기

눈을 감고, 좋아하는 사람을 가만히 생각해 본다. 좋아하는 사람의 이마, 눈썹, 눈동자, 입술 모양 같은 구체적인 모습을 상상해 본다. 좋아하는 사람의 느낌까지 생각해 본다. 그 사람을 직접 만났을 때를 머릿속에 그려 보는 것도 훌륭한 훈련법이다. 만나면 어떤 기분이 들지, 어떤 말을 할지 그대로 상상해 본다.

▲ 조셉 머피, 록펠러, 워런 버핏, 일론 머스크

2) 최면유도 언어 사용의 테크닉

(1) 현재형을 사용한다

"앞으로 어떻게 될 것이다."라는 식의 어투를 사용하지 말고 "지금 무엇, 무엇 한다."라는 식의 현재형 어투를 사용한다.

(2) 이미 이루어진 사실로 여기고 작성한다

"몸이 무거워질 것이다."라는 식의 어투를 사용하지 말고, "몸이 무거워진다."라는 식의 완료형 어투를 사용한다.

(3) 긍정문을 사용한다

부정문을 사용하지 않는다. "뱀을 생각하지 마시오."라는 문장을 말한다면, 무의식은 벌써 뱀을 생각해 버린다. 마찬가지 이유로 "불안한 감정을 갖지 마시오."라는 말은 사용하지 않는다. "나는 고통에서 벗어날 것입니다."라는 문장 역시, 부정적인 부분이 들어가 있다. 고통이라는 단어가 그러하다. 이 경우 "나는 편안해집니다."라고 바꾸는 것이 좋다.

(4) 극적인 용어와 발음을 사용한다

목소리의 고저와 장단을 잘 활용해 녹음한다. "나는 기분이 좋습니다."라는 식의 녹음보다는 "나는 기분이 아~주 좋습니다."가 더 좋다.

(5) 일인칭을 사용한다

"당신은 무엇, 무엇 합니다."보다는, "나는 무엇, 무엇 하다."가 좋다.

(6) 구체적인 묘사를 사용한다

"주위는 밝은 아침입니다."보다 "투명한 햇살이 비추는 청량감 넘치는 아침입니다."가 좋다.

(7) 점차 최면의 강도를 높인다

처음에는 몸의 이완을 풀다가, 점차 깊은 최면으로 유도한다.

3) 최면유도에 있어 외적인 부분의 테크닉

(1) 최면유도 목소리

편안한 상태로 몸을 만들어야 하기 때문에 목소리는 차분하게 하는 것이 좋다. 들떠 있거나, 장난기 어린 목소리는 최면유도에 도움이 되지 않는다. 나지막하게 속삭이듯 하는 목소리와 무미건조한 목소리를 섞어 녹음하도록 하자. 그러나 강조해야 하는 부분에 있어서는 적당한 악센트를 주는 것이 좋다.

"눈이 천천히 감깁니다."라는 문장은 "눈이 아주~~ 천~천~히 감깁니다… 아주 천~천~히."라는 식으로 끌어주고, 문장의 마지막 부분은 희미하게 해줌으로써 몸의 이완을 도와줄 수 있게 된다.

(2) 최면 하는 장소

될 수 있는 한 소음이나 추위 또는 더위 때문에 방해받지 않도록 조용하고 기온이 맞는 곳을 택한다. 방은 너무 밝지 않도록 창문에 커튼을 치거나 조도가 낮은 전구를 사용하는 등의 방식으로 광도를 조정해 놓는다. 방 안에 불필요한 장식이나 도구 같은 것이 산만하게 놓여 있으면 피최면자의 기분이 흐트러지기 쉬우므로 될 수 있는 한 다른 곳으로 치우거나 잘 정돈해 놓는다. 의자는 보통 사무실 의자를 사용해도 되지만 가능하면 편안하고 부드러운 소파를 이용하는 것이 좋다. 다리를 쭉 뻗고 누울 수 있는 리클라이너 소파가 더욱 좋을 것이다.

(3) 최면 음악

일반적으로 조용하고 명상하기 좋은 뉴에이지 음악을 많이 사용하지만, 최면 대상자가 좋아하는 음악을 배경으로 깔아두는 것도 상관없다. 그렇다고 록 같은 시끄러운 음악은 피하고, 재즈나 클래식 등 평화로운 상태를 유지할 수 있는 음악이 좋다.

6. 최면의 암시

1) 암시란 말의 의미

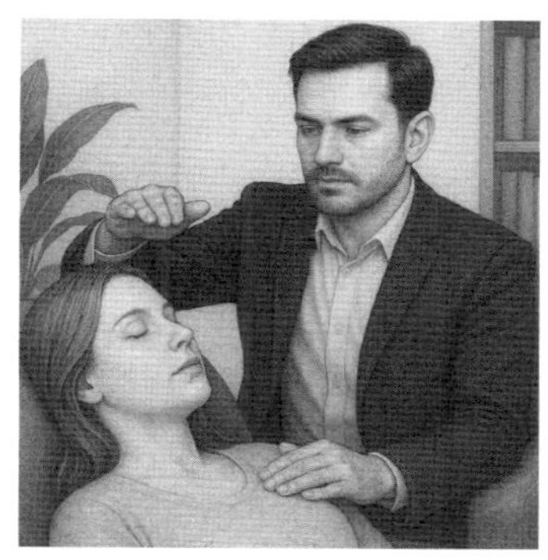

사전을 찾아보면 한자로는 暗示로 기록되어 있으며 영어로는 suggestion이다. 이 단어에 대한 의미는 심리학 용어로 다음과 같다.

① 자기암시: 일반적으로 타인의 말과 태도와 상징을 이론적 근거 없이 무비판적으로 받아들임으로써 자신의 생각·의견·태도·행동에 변화가 생기는 것을 말한다.

② 타인암시: 남의 생각하고 활동하는 능력을 빼앗고, 어떤 행동을 일으키도록 하는 자극을 뜻하며, 최면술에서는 명령하는 말을 쓴다.

대부분의 경우 암시를 받은 사람은 자신의 변화를 타인에 의해 초래되었다거나 강제되었다고 생각하지 않고 자연히 그렇게 된 것처럼 생각한다. 그리고 거기에는 피최면자의 분별과 주체적·능동적 의지와 의도가 수반되는 것이 아니기 때문에 명령이나 모방과는 다르다.

암시에 의한 반응은 최면상태에서 가장 쉽게 생기고(최면암시) 평상시와 같은 각성상태에서도 생긴다(각성암시).

또 타인에게서 받은 암시를 '타자암시(他者暗示)'라 하고 스스로 자신에게 주는 암시를 '자기암시'라고 한다. 또 집단에게 암시를 주는 것을 '집단암시'라 하는데, 최면상태에서 암시하여 깨어난 뒤에 반응을 나타내게 하는 것을 '후최면암시'라고 한다.

암시에 의한 반응이 쉽게 생기는 것을 '피암시성'이라고 하는데, 거기에는 개인차가 있다. 피암시성은 성격·성별·연령·지능 외에도 당시의 개인적 심리상태와 피로의 정도, 또 현장의 분위기와 사회적 상황 등에 의해서 영향을 받게 된다. 피암시성은 다소간의 차이는 있지만 누구에게나 있으며 히스테리가 있는 사람과 정신적 미숙자는 피암시성이 높다. 피암시성과 최면에 걸리기 쉽다는 것은 반드시 같다고 할 수 없다.

일반적으로 암시는 암시자의 위광(威光)과 관계있으며 '위광암시'는 종교지도자의 위광암시 정치인의 교화, 세뇌, 군중심리 조작, 정치, 교육 등에도 이용된다.

2) 암시는 엄청난 위력을 가지고 있다

암시를 통한 효과의 사례는 무수히 많다.

“정신에는 사람의 말초 신경계와 중추 신경계 전부를 아우르며, 인간의 몸을 완전히 조절할 수 있는 메커니즘이 있다.”라고 설명하는 과학자들이 있다.

최면요법에서 최면기법은 많은 기법들이 개발되어 놀라운 효과를 거두고 있지만 일반적으로는 치료적인 후최면 암시의 효과와 별도로 트랜스에 빠지는 것 자체를 최면 효과로 보고 있다.

마음에서 일으킨 심신장애는 대부분 후최면 직접암시요법에 의해 무엇인가 변화를 일으킬 수 있다. 일부의 유전적 소질의 장애나 기질적 신경증까지도 암시로 변경이 가능한 경우가 많다.

3) 위약효과(flacebo effect)

어느 날 프랑스의 약사 에밀쿠에에게 지독한 불면증환자가 찾아와서 수면제를 달라 한다.

에밀쿠에는 “내가 수면제를 줄 테니 이 약을 잘 복용하시오.” 하면서 약을 건넸다. 불면증 환자는 그 약을 먹고 잠을 잘 자게 되었는데 사실 그 약은 수면제가 아니라 소화제였다.

이것이 그 유명한 에밀쿠에의 위약효과, Placebo 이야기이다. 에밀쿠에의 자기암시가 바로 최면이다.

(1) 자기충족예언(self-fulfilling prophecy)이론

"어떻게 행동하리라는 주위의 예언이 행위자에게 영향을 주어, 결국 그렇게 행동하도록 만든다."라는 이론이다. 즉, 진심으로 믿고 바라면 그 일이 이루어진다는 것이다.

(2) 생각과 암시의 작용

암시를 활용하는 방법은 자기최면과 타인최면에서 조금씩 다르지만, 기본 원리는 동일하다. 암시란 결국 잠재의식에 새로운 방향을 제시하는 것이며, 마음을 움직이고 변화시키기 위해 사용된다. 최면에서 암시는 매우 중요한 역할을 한다. 암시를 통해 마음의 흐름을 바꾸고, 잠재되어 있는 감정이나 사고 패턴을 부드럽게 바꿀 수 있기 때문이다.

그러나 암시를 받는 입장에서 지나치게 큰 기대를 갖게 되면 오히려 암시가 제대로 작용하지 않는 경우가 있다. 이것을 노력역효과의 법칙이라고 한다.

기대가 높아질수록 '잘되어야 한다'라는 부담이 생기고, 그 압박 때문에 오히려 결과가 떨어지는 현상이다.

이를 단순한 예로 표현하면 다음과 같다.

평지에 1m 폭의 카펫이 깔려 있다면 대부분의 사람은 그 위를 어렵지 않게 걸어갈 수 있다. 그러나 똑같은 폭의 길이라도 10m 위에 떠 있다면, 심리적 압박 때문에 발이 오그라들어 제대로 걸을 수 없다.

즉, 같은 행동이라도 마음의 상태와 생각이 다르면 결과가 완전히 달라진다.

암시 역시 마찬가지다. 어떤 마음가짐을 갖고 있느냐에 따라 암시의 수용력은 크게 달라진다.

(3) 암시는 반복만으로도 강력해진다

암시는 복잡한 기법이 필요하지 않다. 단순한 문장이라도 반복하면 잠재의식에 강하게 새겨진다. 암시는 되뇌는 것만으로도 이미 효과가 시작된다. 다음 원칙을 따르면 암시의 힘은 훨씬 커진다.

직접암시는 간결하게 한다.

복잡한 문장은 잠재의식이 받아들이기 어렵다.

짧고 명확한 문장이 효과적이다.

암시는 반복해야 한다.

반복은 잠재의식의 문을 열어주는 핵심이다.

믿을 수 있는 내용을 사용한다.

스스로도 납득할 수 있는 현실적·바람직한 문장이 필요하다.

암시를 실행하는 시간을 정한다.

잠자기 전, 아침 기상 후 등의 고정된 시간은 효과가 좋다.

문자 그대로 이해 가능한 표현을 쓴다.

은유적이거나 비유적 문장은 잠재의식에서 모호하게 받아들인다.

한 번에 한 가지 목표만 집중한다.

여러 목표를 동시에 암시하면 효과가 분산된다.

큰 목표는 단계별로 나눈다.

작은 성공들이 모여 큰 변화를 만든다.

긍정적인 표현을 사용한다.

부정문은 잠재의식이 제대로 처리하지 못한다.

"불안하지 않다."보다 "나는 편안하다."가 더 효과적이다.

암시는 단순하면서도 매우 강력한 변화 도구다. 꾸준히 반복하면 잠재의식은 자연스럽게 새로운 방향으로 움직이기 시작한다.

4) 암시기법의 실행 과정

암시기법은 준비 단계-실행 단계-마무리 단계로 나누어 실천한다.

이 과정은 자기최면의 기본 구조이기도 하다.

(1) 준비 단계

암시를 수행하기 전에 환경과 몸·마음을 정돈하는 과정이 필요하다.

① 주변을 깨끗하게 정리하고 조용한 분위기를 만든다.
② 미리 화장실을 다녀오고 편안한 옷을 입는다.
③ 푹신한 의자나 침대에 편안한 자세로 앉거나 눕는다.
④ 잔잔한 음악이나 은은한 조명은 심리적 안정을 높인다.
⑤ 가능하면 잠들기 직전 수행하는 것이 가장 좋다.
⑥ 깊고 큰 심호흡을 약 7회 반복하여 몸의 긴장을 풀어 준다.
⑦ 몸과 마음이 충분히 이완되면 실행 단계로 넘어간다.

이 준비 과정은 잠재의식이 암시를 받아들이기 좋은 상태로 만드는 핵심 과정이다.

(2) 실행 단계

실제 암시를 잠재의식에 입력하는 단계이다.

① 눈을 가볍게 감고 마음속에 얼굴보다 큰 원을 그린다.
② 처음에는 검은 원을 그리고, 이후에는 색깔 있는 원을 그린다.
③ 색깔은 어두운색에서 밝은색으로 점차 바뀌게 한다.
　예) 군청 → 청색 → 녹색 → 고동색 → 빨강 → 주황 → 노랑 → 흰색

④ 마지막에는 흰색보다 더 밝은 투명한 빛을 상상한다.
⑤ 투명한 마음의 칠판에 자신이 원하는 문장을 선명하게 써넣는다.
⑥ 쓰는 동시에 속으로 단단한 어조로 읽는다.
⑦ 이 과정을 10회 이상 반복한다.
⑧ 문장 대신 자신이 바라는 모습을 그림 또는 영상처럼 상상해도 된다.

이 과정은 잠재의식 앞에서 시각적 통로와 언어적 통로를 동시에 여는 작업이다.

이미지와 문장은 잠재의식에 가장 잘 전달되는 두 가지 요소이다.

(3) 마무리 단계

암시를 마무리하는 단계에서는 다음의 주의점이 있다.

① 암시 후 바로 잠들어도 좋다.
② 공부나 일 전에 암시를 하면 집중력이 더 좋아진다.
③ 암시 직후에 TV, 큰 소리, 격한 행동 등은 효과를 떨어뜨린다.
④ 하루에 한 번씩 꾸준히 실행하면 반드시 변화를 느끼게 된다.

암시의 효과는 누적된다. 한 번의 강렬한 암시보다 규칙적인 반복이 훨씬 강력하다.

7. 최면의 각성 과정

1) 최면각성이란?

최면각성이란 최면 상태에서 정상 의식으로 자연스럽게 깨어나는 과정을 말한다.

또한 최면이 끝난 후에도 암시가 지속되도록 하는 것을 후최면암시라고 한다.

만약 잠들기 직전에 암시를 주었다면 그대로 잠들게 둬도 된다.

하지만 깨어나야 하는 경우에는 '각성암시'를 통해 부드럽게 깨어나도록 한다.

실제로 사용하는 각성암시는 다음과 같다.

① 의식이 천천히 돌아온다.

② 온몸이 상쾌해진다.

③ 머리가 맑아진다.

④ 모든 감각이 살아난다.

⑤ 눈을 뜨면 기분이 아주 좋아진다.

이 과정은 최면 상태에서 일반 의식으로 자연스럽게 전환하기 위한 안전한 절차이다.

2) 최면에서 바로 깨어나지 않는 경우

최면 중에도 피최면자는 의식이 있다.

바로 깨어나지 않는 것처럼 보이는 경우는 대부분 즐거운 기억 속에 머물고 싶어서이다.

이럴 때는 잠시 그대로 두는 것이 오히려 더 좋다.

그 경험은 피최면자에게 긍정적 감정을 남기며, 이는 이후의 활력과 자신감으로 이어진다.

보통 10분 정도 지나면 자연스럽게 깨어난다.

필요하면 10~20분 정도 부드러운 각성암시를 주면 누구나 깨어난다.

갑작스러운 깨움은 오히려 불쾌감을 줄 수 있으므로 피해야 한다.

3) 후최면암시

깊게 이완된 상태에서는 잠재의식이 매우 열린 상태가 된다.

이때 스스로에게 주는 암시를 후최면암시라고 한다.

후최면암시를 제대로 활용하기 위해서는 명확한 동기가 필요하다.

왜 이 암시가 필요한지 스스로 분명하게 이해해야 한다.

예를 들어 체중을 줄이고 싶은 경우 "체중이 줄면 건강과 외모가 좋아진다."와 같은 이유를 잠재의식에 반복해야 한다.

후최면암시는 짧고 단순할수록 효과가 강해진다.

반복할수록 잠재의식은 그 방향으로 자연스럽게 변한다.

8. 최면요법의 실제 과정

최면요법은 단순히 최면에 들어가는 것이 아니라, 문제 해결을 위한 전체적 과정이다.

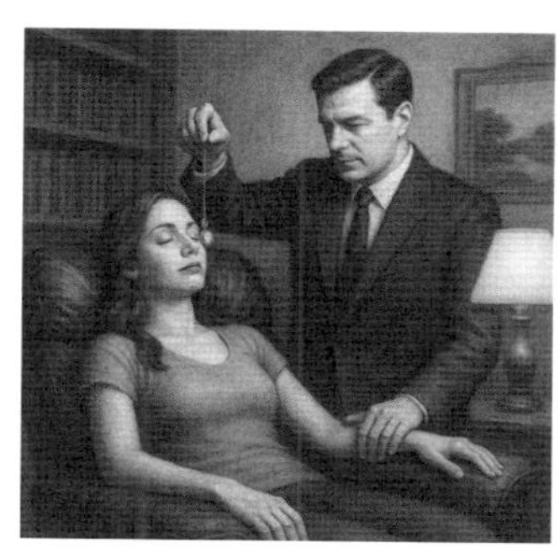

① 이유 파악

최면이 정말 도움이 되는 문제인지, 더 적합한 방법은 없는지 파악한다.

② 최면에 대한 오해 해소

두려움이나 오해가 있으면 최면에 잘 들어가지 못한다.

③ 피최면자의 최면 이미지 확인

피최면자가 생각하는 '최면 상태'를 미리 알아야 한다.

④ 과정 설명

최면이 어떤 과정으로 진행되는지 설명하면 피최면자는 안심한다.

⑤ 편안한 환경 조성

조용하지만 답답하지 않은 따뜻한 분위기가 좋다.

⑥ 기본 최면유도 진행

숫자 세기, 호흡, 점진적 이완 등 기본 유도법을 사용한다.

⑦ 감수성 확인

최면감수성은 사람마다 다르므로 첫날 반드시 확인한다.

⑧ 핵심 암시 제공

피최면자에게 가장 적합하고 도움이 되는 암시를 준다.

⑨ 경험 공유

어떤 느낌이 있었는지 대화하는 과정은 매우 중요하다.

⑩ 자기최면 훈련 지도

혼자서도 최면을 사용할 수 있도록 연습 방법을 알려준다.

⑪ 3~4회 반복해 완전히 체득

최면 메시지를 녹음해 주고, 스스로 반복하며 완전히 내 것으로 만든다.

9. 최면요법의 해결효과

최면요법의 필요성과 효과는 무엇인가?

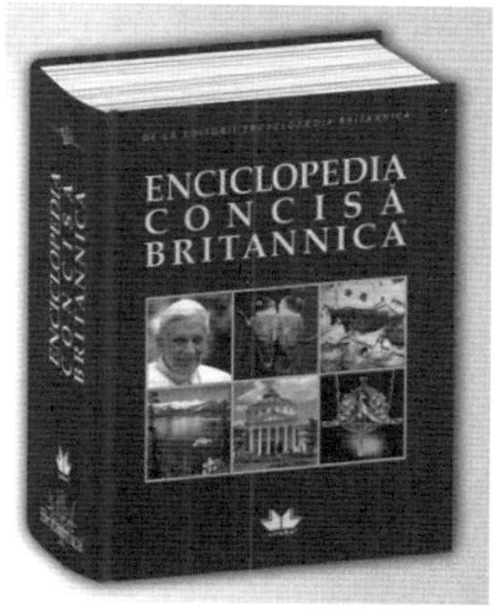

최면요법은 단순히 '최면을 거는 것'만을 의미하지는 않는다.

사전에서는 "催眠療法(hypnotherapy)"이라고 정의하며, 최면을 통해 심리적·신체적 문제를 해결하는 방법을 총칭한다. 여기에는 최면 자체로 증상의 개선을 노리는 경우와, 최면을 활용하여 다른 심리치료의 효과를 높이는 경우가 모두 포함된다.

최면은 내담자가 의식적으로는 떠올리지 못하는 기억과 감정을 잠재의식 속에서 끄집어내어, 그 안에 숨어 있는 문제의 원인을 발견하고 변화시키도록 돕는다. 이를 통해 심리적·신체적 장애나 질병을 치유하는 하나의 상담 방법으로 활용되어지고 있다.

일상에서는 잘 드러나지 않는 잠재의식은 최면상태에서 활발히 작동한다. 잠재의식의 힘은 우리가 평소의 방법으로는 쉽게 다루기 어려운 심리적 문제나 신체적 질병에도 놀라운 효과를 발휘한다. 특히 병원 치료로 잘 낫지 않는 난치병이나 심인성 질환에서는 최면이 뛰어난 대체의학적 역할을 하고 있다.

심리학에서는 상담과 심리치료를 구분하듯, 최면 역시 최면상담과 최면요법으로 나누어 설명할 수 있다. 심리치료는 정신적 병리 문제를 다루며, 치료적 대화와 기법을 통해 병을 해결하는 것을 목표로 한다. 반면 상담은 일상 속 고민, 갈등, 정신적 고통을 다루며, 내담자가 보다 건강하고 성숙한 삶을 살아갈 수 있도록 돕는다.

즉, 심리치료에서는 대상자가 '정상 범위를 벗어난 사람'이라면 상담에서는 정상적인 생활을 하는 '생활인'을 중심으로 관계가 형성된다. 치료에서는 '의사-환자' 관계가, 상담에서는 '상담자-내담자' 관계가 성립한다. 또한 심리치료의 목표는 치료 그 자체에 있지만, 상담은 예방, 성장, 발달 등 교육적 기능까지 포함하고 있다.

최면요법은 이러한 특성을 바탕으로, 전통적 치료로는 잘 해결되지 않는 다양한 심리적 문제 해결에 매우 효과적이다. 많은 심리학자, 심리치료자, 상담사, 그리고 정신과 의사들이 최면을 통해 불안, 공포, 어린 시절의 심리적 외상(trauma)을 상담하고 치료하는 데 도움을 받고 있다. 더 나아가 외과의사나 치과의사처럼 정신과가 아닌 일반 의사들도 수술이나 치료 과정에서 최면을 활용해 환자에게 큰 도움을 주기도 한다. 최근에는 체중 감량, 알레르기 완화, 금연·금주 등 다양한 생활 영역에서도 최면이 활용되고 있다.

교육 분야에서도 최면은 큰 가능성을 보여준다. 최면은 잠재의식을 활성화하고, 우뇌를 자극하여 상상력, 창의력, 직관력, 자기 지도력 등 EQ(Emotional Quotient)와 관련된 능력을 키우는 데 도움을 준다. 전통적인 학교 교육이 IQ 중심, 즉 좌뇌 지향적 학습을 강조해 왔다면, 최면은 정서적·행동적 발달을 포함한 통합적 교육을 가능하게 하고 있다.

인간의 정신세계는 크게 의식과 무의식, 그리고 잠재의식으로 구성되어 있다. 최면은 주로 잠재의식과 작용하며, 오래된 과거의 기억과 어린 시절의 경험을 저장하고 있는 잠재의식은 고도의 집중 상태에서 효과적으로 변화를 일으킨다. 직관력, 창의력, 투시력, 영적 능력까지 포함한 무한한 잠재능력이 최면상태에서 발휘되기 때문에, 상담·치료·교육 등 다양한 분야에서 활용될 수 있는 것이다.

이처럼 최면요법은 내담자의 내면을 탐색하고 잠재된 능력을 활성화함으로써 심리적 문제뿐 아니라 신체적 질병, 교육적 발달, 창조적 활동 등 다방면에서 효과를 발휘한다. 또한 과거의 기억을 활용한 범죄수사, 새로운 창조, 미래 예측과 같은 영역에서도 활용되는 등, 최면의 가능성은 매우 광범위하다.

10. 빙의상담과 해결

1) 빙의와 빙의 현상 해결에 대하여

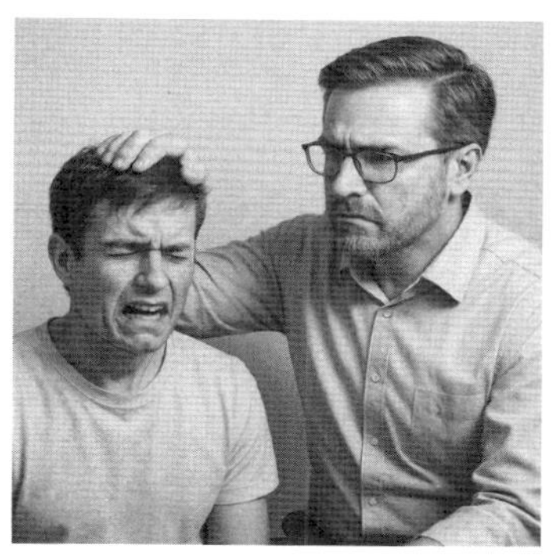

의학적으로 진단과 치료가 되지 않는 일부 정신질환이나 장애를 빙의 현상으로 설명하기도 한다. 최면술을 시행하다 보면 때때로 영적인 현상이 나타나기도 하는데, 이러한 현상을 영적인 존재에 의한 빙의(憑依)현상이라고 설명되곤 한다. 빙의란 자기가 아닌 제3의, 외부에서 오는 다른 영적 존재의 지배를 받는 상태를 말한다.

원래 과학이 발달하기 이전의 과거에는 인간의 정신적인 장애를 영적인 현상으로 보고 무속적인 방법, 또는 심령적인 방법으로 치료하고자 했던 전통이 있었다. 그러나 과학이 발달하면서 그러한 것들을 미신시하는 풍토가 자리 잡고, 그래서 현대 의학이나 심리치료에서는 영적인 빙의현상이나 영적인 원인에 의해 병이 드는 현상을 인정하지 않고 이 부분에 대해서는 최면사나 학계, 의학계에서 의견과 주장이 분분하다.

2) 영적인 현상으로 인정하고 해결법 개발

그러나 최면에서는 이러한 영적 현상을 인정하고 해결하는 방법도 개발되고 있다. 비록 이러한 현상을 단순한 환각현상으로 생각하고 빙의 자체를 인정하지 않는 사람들도 있지만 영적인 차원에서 이루어지는 해결을 전문으로 하는 효과법이 개발되어 있고 이를 전문으로 하는 사람들도 있다.

특히 미국에서는 대표적으로 볼드윈 박사라는 사람이 빙의해결법을 개발하고 학회까지 조직하여 이를 보급하고 있는데, 오늘날 이 빙의치료는 일반 정신과적 치료나 심리치료 및 상담에서 일반적으로 진단되지 않고 해결되지 않는 많은 병들 중에 효과적인 것으로 알려지고 있는 것이다.

빙의령으로 자주 등장하는 사람은 가족 중에서 특히 조상들이 많다.

조상이라고 해야 먼 조상보다는 가까운 조상이 많은데 예를 들면 조부모나 증조부모, 또는 부모들이 많습니다. 또는 삼촌이나 형제 같은 경우도 있고, 전혀 혈연관계가 없는 제3의 영이 가끔 있기도 하다.

대부분의 빙의령들은 나름대로 풀고자 하는 원한을 갖고 있는 특징이 있다. 그래서 자신이 죽었다는 사실을 인정하지 않고 산 사람의 몸에서 기생하고 있는 것이 보통인데 이것을 지박령이라고 한다. 어떤 빙의령들은 갑작스러운 죽음 때문에 정말로 죽음 자체를 실감하지 못하고 마치 살아있을 때와 마찬가지의 생각과 감정을 갖기도 한다.

미국 영화 〈식스센스〉의 경우를 보면 그런 상황을 잘 이해할 수 있다.

빙의된 사람은 평상시에 몸과 마음이 건강하지 못한 것이 보통이다.

평소에 막연한 우울증, 불안증세 등을 앓고 있으며 특정한 몸의 불편 상태를 경험하기도 한다. 또 어떤 사람은 왠지 하는 일이 잘되지 않고 심지어 다니던 직장일도 원만하지 못하여 그만두고 딴 일을 찾아보지만 그것도 여의치 못하여 결국은 실업자로 살아가기도 한다. 그리고 빙의된 사람은 빙의령의 작용으로 인해 환각증세를 경험하기도 하는데 바로 이러한 이유로 정신과 병원에서는 대부분 조현증이나 심한 우울증으로 진단을 내리는 것이다.

일반적인 빙의령은 최면상태에서도 노출된다.

평상시에는 환자의 몸속에 잠재되어 있다가 최면상태가 되면 쉽게 노출된다는 것이다.

환자는 원래 자기의 정체성을 상실하게 되고 빙의령이 지배하는 상태에서 빙의령의 목소리를 내거나 그의 표정을 짓기도 한다. 이때 그 빙의령의 평소 모습을 아는 사람이 환자의 목소리를 듣거나 모습을 보면 놀라게 되는 것은 당연하다.

위에서 최면상태에서 경험할 수 있는 특별한 사례로서 이해를 돕기 위하여 빙의령에 대한 예를 소개하였으나 여기서는 더 이상의 구체적인 언급은 생략하고자 한다.

다만 참고로 할 따름이며 자기최면을 통하여 빙의령을 만나게 되는 일은 없도록 하기 바란다. 혹 그러한 가능성이 있는 사람은 자기최면을 하지 말아야 할 것이며 전문가의 도움을 받도록 해야 한다.

3) 귀신의 존재와 빙의로 고생하는 이들의 이해 필요

무슨 조상귀신이니 원한으로 죽은 혼령이 좋은 곳으로 가지 못하고 구천에 떠돌며 사람에게 붙어서 괴롭히고, 꿈에도 자주 나타나 보이며 애를 먹인다고 하는 사람도 있고, 생시에도 귀신이 보이고 소리도 들리며, 나는 보이는데 어머니 눈에는 왜 안 보이느냐고 하는 이가 있는 등 여러 가지 형태로 나타나는 수가 있다.

성직자들은 실제로 체험한 바를 책으로 써내기도 하고 무당이나 또 다른 승려들은 죽은 이의 혼령을 천도시켜야 된다며, 천도제를 올려주기도 하고 무당 역시 시름시름하고 신병으로 고생하는 사람은 귀신이 씐 것이라고 하며 귀신을 쫓는다고 굿을 하기도 한다.

물론 무당은 귀신의 존재를 믿고 있고 천도제를 권하는 승려 역시 귀신의 존재를 믿고 있기 때문이다. 빙의환자에게 귀신이 보이고 말이 들리는 것은 자신의 잠재의식 속에 죄의식이 사로잡혀 귀신이 실제적으로 침범하거나 조작되거나, 실제적인 영적 체험이 있기 때문에 귀신이 없다고는 말할 수 없는 것이다.

귀신이 씌어있다고 하는 사람이 정신과 의사에 가면 보통 투약으로 한동안은 증세가 사라지겠으나 약을 끊으면 얼마 후 다시 증세가 회귀하는 경우가 대부분이라고 한다.

그리하여 귀신에 관해서는 초자연적인 현상으로 귀신은 불가사의의 대상으로 보고 있다는 것이다.

4) 다중 인격장애와 귀신 들림 현상의 최면효과

1980년대부터 미국을 중심으로 본격적으로 연구하기 시작한 해리성장애(dissociation disorder)와 다중인격장애는 한 사람의 내면에 평소의 그의 모습과는 완전히 다른 제2, 제3의 인격체가 존재하며, 그 사람을 지배하는 상황을 말한다.

상반되는 두 가지 이상의 성격으로 인해 그 사람은 종잡을 수 없는 감정기복과 극단적으로 대비되는 말과 행동을 한다. 그러나 이렇게 겉으로 드러나지 않고 숨어있는 다중인격이 있는 환자들을 일반적인 정신과 면담으로는 제대로 진단하기가 쉽지 않다. 따라서 다른 정신병으로 오해받아 치료를 오랫동안 받으면서도 낫지 않는 경우가 흔하다.

현재 다중인격의 진단은 거의 모두 최면상태에서 이루어지기 때문에 최면해결 경험이 없는 최면사들은 다중인격 환자를 진단하거나 해결하는 것이 사실상 어렵다.

직접 경험해 보지 못하면 실감할 수 없기 때문에 이런 사람들은 '다중인격장애'라는 질병분류 자체를 부정하는 경우도 흔하다. 그러나 능숙하고 경험이 많은 최면사는 적지 않은 사람들이 '다중인격장애자'라는 것을 경험을 통해 배우게 된다. 적절한 최면기법을 이용하면 쉽고 빠르게 해결이 가능하다는 것이다.

다중인격을 살펴보면 내면에 숨어있는 많은 인격들이 자기는 '외부에서 들어왔다'고 주장하기도 한다.

대개의 다중인격 연구자들은 숨어있는 인격들의 이런 주장을 일방적으로 무시하고 무조건 그 사람의 내면에서 갈라져 나온

작은 인격이라고만 단정하고 해결하려고 한다. 정말 외부에서 들어왔을 가능성에 대해서도 진지하게 생각해 보지만 실제로 들어온 것은 아니라는 사실이다. 다만 흔히 이야기하는 퇴마나 축귀 등의 행위는 빙의나 자기 안에 자리 잡고 있다고 믿는 환자의 요구와 방식대로 축출해 주는 것이고 피최면자는 실제로 그렇게 되었다고 믿는 것에 지나지 않는다.

외부에서 들어왔다면 그것은 흔히 말하는 '귀신 들림'이나 '신병'을 말하는 것이다.

현대 심리학은 귀신 들림이란 현상을 모두 환자의 내면에서 뭔가 잘못 풀어 생기는 착각으로 보고 있다. 위에서 언급한 대로 '외부에서 들어왔다'고 말하는 인격체의 주장에 따라 다시 그 인격체의 힘을 약화시키거나 환자에게서 떠나게 해주면 거짓말처럼 건강을 회복하는 다중인격자들이 너무나 많기 때문이다. 이 분야를 더 연구하여 기존의 다중인격장애 이론으로 설명하지 못하는 난치환자들에 대한 이론을 정립하고 더 효과적인 최면기법들을 개발 연구하여야 할 것이다.

3장

심리분야

1. 심리적 문제

"인간의 심리는 상처받기 쉽고, 유리그릇처럼 깨지기 쉽다. 한 번 상처받은 심리는 건강하지 못한 정신을 만들어 내며, 온갖 질병의 근원이 된다."

1) 우리 안에는 상처받은 아이가 있다

우리 속에는 누구에게나 상처받은 아이가 존재한다.

어린 시절 부모나 형제, 친척, 선생님에게 받은 상처가 치유되지 못한 채 마음속에 남아 울고 있는 아이가 있다.

우리가 옛날이야기를 하면서 눈물이 나는 이유도 바로 이 상처받은 내면의 아이 때문이다. 진정으로 치유된 상처라면 더 이상 눈물이 나오지 않는다.

눈물이 난다는 것은 그 상처가 아직 온전히 회복되지 않았음을 보여주는 증거이다.

2) 충분히 울어야 치유된다

미처 울지 못했거나 울고 싶어도 참아야 했던 기억은 가슴속 응어리로 남아 있다. 그리고 그 기억은 조금이라도 이해해 주는 사람이 있으면 참아왔던 눈물로 나타난다.

3) 눈물을 흘리는 것은 건강신호이다

울음은 본능적인 치유 행위이다. 마음의 병은 아파도 울지 못할 때 생긴다. 어린 시절 울고 싶어도 받아주는 사람이 없었기 때문이다.

4) 울음을 참는 사람들

때로는 울고 있는 아이를 참지 못하게 하거나 주의를 돌려 울지 못하게 만드는 사람들이 있다. 사실 그들은 자신의 내면에도 울지 못한 아이가 있기 때문이다.

어린 시절의 아픔과 슬픔이 되살아나는 것이 두려워, 외부의 아이가 우는 것을 막는 것이다.

성인이 되었음에도 감정을 억압하는 것은 건강하지 못한 상태이다. 마음의 상처가 치유되지 않은 내면의 아이는 여전히 자신을 이해해 주지 않을 것이라 믿고, 감정을 드러내는 것을 두려워한다.

5) 내면의 아이 치유하기

내면의 아이를 치유하는 가장 좋은 방법은 아이를 충분히 울 수 있게 해주는 것이다.

아이의 슬픔에 귀 기울이고 어른의 시선으로 바라보며 받아주면, 아이는 마음껏 울 수 있다.

사람들이 자신의 슬픔을 공감하고 받아주면, 스스로도 그것을 받아들일 수 있게 된다.

심리상담에서 일어나는 변화는 바로 이런 과정이다. 처음에는 내담자가 어린 시절 이야기를 하면서도 내면의 아이를 외면하지만, 상담자의 공감을 통해 마음의 문을 열고 내면의 아이를 받아들일 수 있게 된다.

이렇게 내면이 치유되면, 타인과의 관계도 자연스럽게 편안해진다. 자신의 내면세계를 수용하게 되면, 타인의 내면세계도 이해하고 받아들이게 되기 때문이다.

특히 최면을 통한 연령퇴행 기법은 상처받은 아이의 눈물을 닦아주고, 괴로웠던 기억을 치유하는 데 매우 효과적이다. 내면의 아이를 바로 세우고, 마음의 평화를 되찾게 하는 최고의 최면심리기법으로 여겨진다.

2. 심리상담과 문제해결

1) 심리상담과 자기 발견

사람들은 심리학자나 정신과 의사를 만날 때 자신의 속마음을 들여다볼까 조심스러워한다. 혹시 자신이 '문제가 있는 사람'으로 여겨질까 두려워서이다.

이런 민감함은 전 세계 어디서나 나타나는 공통적인 현상이다.

심리문제를 정신병과 연결하여 생각하는 경향 때문이다. 정신병이 '정신이 이상해지는 것'으로 여겨져 공포를 일으키기 때문이다. 그러나 심리문제는 신체질병과 다르지 않다. 외부 환경에 의해 일시적으로 나타났다가 사라질 수 있는, 우리에게 다소 불편한 현상일 뿐이다.

심리문제는 밤에 이불을 안 덮고 자다가 걸린 감기와 비슷하다. 열이 나고 한기가 들어도 며칠 쉬고 약을 먹으면 회복되듯, 심리문제도 가족이나 친구와 대화하거나 심리치료를 받으면 자연스럽게 회복된다. 심리문제는 누구에게나 조금씩 있으며, 문제가 있다고 해도 크게 걱정할 일은 아닌 것이다.

2) 마음의 상처 방치가 위험한 이유

문제는 우리가 마음과 신체를 차별하는 데 있다. 길바닥에서 넘어져 무릎이 피가 나면 그냥 두지 않지만, 마음의 상처는 억누르고 방치하는 경우가 많다.

마음을 치료하지 않으면 작은 상처가 점점 커져 큰 병이 된다.

마음의 병은 특별하거나 거창한 것이 아니다. 남들이 보기에 이상한 행동을 해야만 병이 아니다. 평범한 우리의 친구, 동료들의 사소한 생각, 감정, 충동 속에서도 이미 마음의 병은 존재할 수 있다. 너무나 일상적이어서 우리는 이를 병이라고 여기지 않고 덮어두고 살아간다.

심리치료란 상대방의 상처받은 마음을 이해하고 공감해 주는 것이다. 즉, 상대의 마음을 함께 느끼고, 그 느낌을 표현해 줌으로써 내면의 상처가 이해받고 공유될 수 있음을 깨닫게 해주는 과정이다.

3) 공감의 치료 효과

인간은 관계적 존재이다. 마음의 상처는 타인과의 관계에서 자신의 존재가 이해되지 못할 때 생기며, 치유는 존재가 이해되고 받아들여질 때 가능하다.

공감은 상대방의 존재를 이해하고 받아주는 작업이므로 치료적이다.

필자가 상담해 온 사람들은 주로 오래도록 죄의식과 수치심에 사로잡혀, 자신의 고민을 누구에게도 말하지 못하고 비밀로 간직한 이들이었다. 삶에 자신감을 잃고, 소망이 없는 좌절 상태로 심리적 안정이 전혀 없었다.

하지만 최면을 통한 연령퇴행과 심리적 안정 회복을 통해, 그때로 돌아가 충분히 울어 마음을 풀어주면 큰 후련함을 경험한다. 이후 이미지 트레이닝으로 자신감과 희망을 잠재의식에 각인하면, 새로운 삶으로 변화를 만들어낼 수 있었다.

4장

최면학습과 지도

1. 최면의 올바른 이해

최면을 정확히 아는 것이 무엇보다 중요하다.

흔히 사람들은 최면을 전생 체험이나 귀신을 쫓는 도구 정도로 오해하지만, 이는 최면의 일부 기능에 불과하다. 또한 최면유도 능력이 뛰어난 사람과 최면을 통해 문제를 해결할 수 있는 최면사는 엄연히 다르다.

최면유도는 비교적 쉽게 배울 수 있어 능숙하게 수행할 수 있지만, 최면사는 인간 심리에 대한 전문 지식과 상담 능력이 필수적이다.

최면의 본질은 인간 의식의 저변에 있는 잠재의식을 의식으로 끌어올려 문제를 해결하는 데 있다. 잠재의식의 문을 열고 왜곡된 기억을 바로잡는 과정이 바로 최면유도 과정이다.

최면의 왜곡과 올바른 인식

최면은 정신질환 치료에서 중요한 기법이지만, 그 자체가 독립적인 치료법은 아니다. 최면은 의학적·심리학적 치료를 보완하는 기술이며, 다양한 분야에서 실질적 기능을 수행한다.

그러나 일부에서는 최면을 귀신 쫓음이나 전생요법과 연결시키는 등 잘못된 인식을 갖는다. 이는 최면의 가능성을 제한하고 발전을 저해할 수 있다. 실제로 최면은 정신과, 심리치료, 상담, 종교 지도, 수사, 스포츠 트레이닝 등 다양한 분야에서 활용된다.

본원의 최면교육의 목표는 내담자가 자기최면 수련을 통해 자신의 문제를 발견하고, 과거 상처와 좌절에서 벗어나 어떠한 역경에도 자신감과 희망을 잃지 않도록 돕는 것이다. 또한 일반인이 최면을 쉽게 이해하고 활용할 수 있도록 다양한 방법을 개발하고 보급한다.

2. 갖추어야 할 소양

최면을 올바르게 이해하는 것이 핵심이다. 단순히 최면유도를 잘한다고 해서 유능한 최면가가 되는 것은 아니며, 문제 해결 능력이 뛰어난 최면사는 반드시 심리학적 지식과 상담 능력을 갖추어야 한다.

1) 최면사의 태도

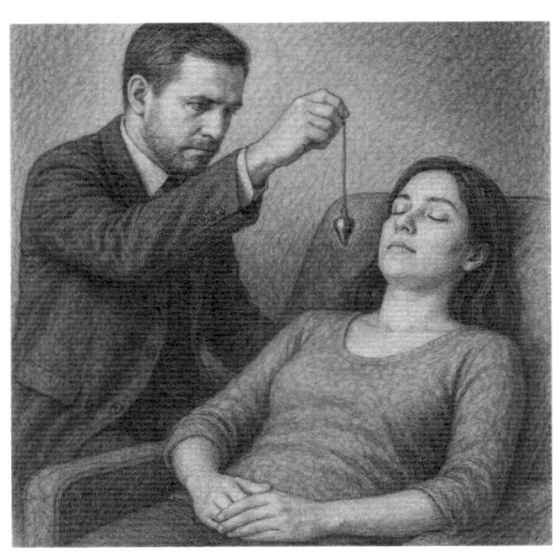

최면을 통해 사회적 유익을 창출하고, 올바른 최면 문화를 보급한다.

최면유도만으로 치료를 시도해서는 안 된다.

최면이 모든 정신적·신체적 질병을 고칠 수 있다는 착각에 빠지지 않는다.

2) 최면요법의 금기

절대적인 금기는 없으며, 비교적 안전하다.

최면사가 최면과 무관한 영역에 나서서는 안 된다.

최면은 어디까지나 대체·보완 요법이며, 자신의 위치를 항상 인식해야 한다.

훌륭한 최면사란 내담자가 안심하고 최면 상담이나 교육을 받을 수 있는 지도자가 되어야 한다. 단순히 최면 기술에 능한 것만으로는 충분하지 않으며, 심리학 지식과 상담 능력, 인격적 성숙함을 갖추어야 한다.

최면을 거는 행위 자체는 특별한 능력이 필요하지 않다. 정상적 지능과 의사소통 능력이 있는 누구든 교육을 통해 수행할 수 있으며, 최면 전문가 또한 신비로운 존재가 아님을 명심해야 한다.

3. 최면훈련

최면감수성은 선천적 요인일 수도 있고, 훈련을 통해 향상될 수도 있다. 지속적인 연습으로 최면상태 도달 능력을 충분히 높일 수 있다.

훈련 방법은 다양하며, 반복할수록 감수성이 증가한다. 하루 1~2회, 3~4일 집중 훈련하면 효과를 볼 수 있지만, 개인차가 있으므로 포기하지 않고 꾸준히 연습해야 한다.

최면감응성과 피암시성

- 최면감응성(Hypnotic Response): 최면상태에 들어가는 정도와 암시효과에 영향을 준다.
- 피암시성(Suggestibility): 최면상태에서 암시를 받아들이는 정도로, 최면사와 상담자와의 신뢰 관계와 개인 성향에 따라 달라진다.

의심이 많거나 자존심이 강한 사람은 피암시성이 낮아 암시효과가 줄어들 수 있다.

피암시성은 후천적 요인과 환경적 영향에 의해 형성된다.

어떤 이론이 맞든지, 훈련을 통해 최면감수성이 증가하는 것은 사실이기 때문에 최면에 들어가기 힘든 사람들은 훈련을 받고 최면을 하는 것이 좋을 것이다. 최면 훈련은 여러 대학, 여러 연구소에서 개발하였고, 논문과 책 등을 통해 소개되고 있는데, 그중 대표적인 것을 골라 소개하도록 하겠다.

감수성 상승 훈련은 일반적으로 도구를 사용하는 방법, 최면사와 하는 방법 등도 있으나, 감수성 훈련은 반복하면 할수록 최면감수성을 높일 수 있게 된다.

감수성 테스트의 결과에 따라 자신의 훈련 강도를 조절해 수행해 나가면 된다. 보통 사람이라면 3~4일 정도 하루에 1~2차례씩 훈련하면 좋은 결과를 얻을 수 있으리라 생각되지만, 이것 역시 개인차가 있는 것이기에, 3~4일 지나도 최면에 잘 유도되지 않는다고 실망하지 말고 지속적으로 훈련하는 것이 좋다. 또한, 최면유도에 성공했다 할지라도, 후최면(뒤에 설명하겠다) 등을 위해 지속적으로 훈련해 두는 것이 좋다.

최면감응성(hypnotic response) 훈련도 최면에 유도되는 데 큰 도움이 된다. 최면감응성이란 순수하게 최면에 유도되는 정도를 뜻한다. 최면 이후의 암시에도 큰 영향을 미치지만, 최면 유도가 얼마나 잘되는가를 중요시하는 항목이다.

감응성 테스트는 사실, 감응성 훈련과 다를 바가 없다. 일부 다른 사이트나 책에서는 감응성 훈련을 감응성 테스트라고 부른다.

그러나 그러한 곳에서도 감응성 테스트를 반복하게 되면 최면 유도 능력이 높아지게 되므로 자주, 반복해서 하라고 권하고 있다.

다시 말해, 감응성 테스트와 감응성 훈련은 딱히 구분되어서 사용되어야 하는 것은 아닌 것이다.

최면감응성에 대한 설명이 나온 탓에 피암시성(sugges-tibility)에 대해서도 간단히 언급하고 넘어가도록 하겠다. (예전에는 최면감수성, 최면감응성, 피암시성 등의 개념을 합쳐서 사용했었다.)

피암시성은 최면상태에서 암시를 받아들이는 정도를 뜻하는 용어다.

피암시성은 최면사와 상담자 사이에 존재하는 신뢰(라포)와도 중요한 연관성이 있는데, 신뢰가 높으면 피암시성도 높다.

피암시성은 최면을 받는 상담자의 성격적인 부분과도 많은 연관성을 가지고 있어서 의심이 많거나, 자존심이 센 경우에는 피암시성이 상당히 낮다.

피암시성이 낮으면 최면상태에서 암시가 제대로 영향을 발휘하지 않는 경우가 많다. 최면감수성이 한 개인이 타고나는 암시의 소화력이라고 한다면, 피암시성은 후천적이고 환경적인 영향에 의해 생성되는 “타인에 대한 믿음”의 개념이라고 볼 수 있다.

5장

최면암시의 효과와 사용법

1. 암시의 효과

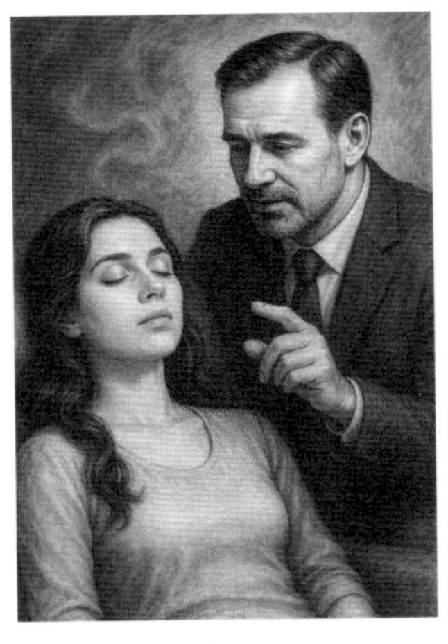

최면상태에서의 암시는 잠재의식에 심어져 이후 행동과 태도에 영향을 준다.

적절한 암시는 희망과 용기를 주지만, 부적절한 암시는 부정적 결과를 초래할 수 있다.

예를 들어, 사업 실패와 어린 시절 상처로 자신감을 잃은 한 피최면자는 최면과 긍정적 암시를 통해 아버지를 용서하고 좌절감을 극복하며 자신감 넘치는 삶을 되찾았다.

위광암시(권위자의 암시)

위광암시는 종교 지도자, 상사, 매스컴 등 권위자의 암시에서 나타나며, 대상자의 신뢰와 몰입에 의해 강력한 효과를 발휘한다.

2. 암시의 기능

- 관념 형성: 말이나 동작이 자극이 되어 최면상태에 들어가게 한다.
- 감각 체험: 특정 장면을 암시하면 오감을 통한 반응이 나타난다. (예: 고추장을 떠올리면 침이 고인다.)

1920년대에 일본 오사카에 유명한 최면술 선생이 있었다. 그 제자로 있었던 사람 이야기이다.

그 사람은 선생의 시술을 보고 흉내 내는 중에 익히게 되었는데, 최면을 여러 사람에게 시도해 보니 아무래도 잘되지 않았다.

어떤 비법이 있음이 틀림없다고 생각한 제자는 선생에게 비법의 전수를 부탁했지만 선생은 그때마다 "이제 곧 알게 될 것이다."라고 말하면서 가르쳐주지 않았다.

그러던 어느 날, 환자의 출장시술이 있어서 나가게 되었다. 선생이 말하기를 "오늘은 비법을 전수할 테니, 내가 말하는 대로 하거라." 하니 제자는 의아해했다.

응접실에 안내된 선생은 자기는 아랫자리에 앉고 제자를 상좌에 앉힌 후 "선생님을 모셔왔습니다. 이분은 말로만 들으신 일본 제일의 최면의 대가이십니다. 영능력의 소유자이기도 하십니다."

라 하며 시술을 받기 전에 알아둘 점 등을 당당하게 말했다. 앉아있는 환자와 가족들은 선생의 말이 하도 당당하여 조금의 의심도 없이 따랐고 제자는 신이 나서 평소에 선생으로부터 배우고 익힌 최면암시를 그대로 잘 적용하여 암시가 잘되었다는 일화가 있다. 이것이 위광암시의 효력인 것이다. 위광암시는 매스컴을 통한 위광암시, 종교지도자나 상관의 위광암시 등이 있다.

최면사가 확신과 권위를 가지고 암시를 주면, 피최면자들은 자연스럽게 반응한다.

3. 암시 효과의 조건

암시의 효과를 높이려면 다음 조건이 중요하다.

① 신뢰 구축: 최면 전에 상담을 통해 오해를 해소하고 편안함을 제공한다.
② 암시자의 확신: 암시를 주는 사람이 확신과 자신감을 가져야 한다. 의심이 있으면 효과가 감소한다.
③ 집중과 몰입: 피최면자의 집중이 강화된 상태에서 암시를 수행해야 한다.

암시는 말투, 목소리 높낮이, 속도, 표정, 제스처와 함께 전달된다. 반복 연습과 녹음 청취를 통해 실전에서 큰 효과를 얻을 수 있다.

역사적으로 최면은 종교와 권위적 상황에서도 활용되어 왔다. 그러나 잘못 사용될 경우 범죄나 피해를 초래할 수 있으므로, 최면을 책임감 있게 활용해야 한다.

암시의 방법은 우선 피최면자로 하여금 신뢰를 얻는 게 중요하다. 그것은 최면 전에 상담을 잘해야 하며 최면에 대한 오해를 풀어주고, 마음에 편안함을 주는 것이 좋다.

암시를 주면서 '이 암시가 상대방에게 잘 들을까?'라는 식의 조금의 의심이라도 있으면, 당장에 상대방이 알아차리고 효과가 감소되는 것이다.

반드시 암시대로 움직인다고 믿고 전력을 다해서 확신을 가지고 암시를 해야 한다. 그렇지 않으면 피최면자의 문제는 해결되기가 쉽지 않다.

암시는 피최면자가 집중이 강화되었을 때, 더 크게 작용한다.

유능한 최면술은 최면 시에 집중을 얼마나 잘 시키는가가 중요하며 이완과 함께 몰입시키는 데 따라 달라진다.

최면 암시자는 태도와 말투, 그에 따른 표정으로 상대방의 주의를 집중시키는 것이고, 공감을 불러일으킬 수가 있는 것이다.

구체적으로 말투를 천천히 했다가, 때론 빠르거나 느긋하게 목소리의 고저, 강약을 가감하는 방법을 사용하는데, 자신의 목소리를 실제로 녹음해 반복 연습하여 들어보는 것도 실전에서 큰 효과를 발휘한다.

말속에는 사람의 인격과 감정이 들어있다. 감정은 말의 완급이나 목소리의 억양, 그에 수반되는 표정과 제스처로 잘 나타난다.

이렇게 하면 상대방의 주의가 다른 곳으로 돌아가지 않고 목적하는 방향으로 차근차근 이끌어갈 수 있다.

매력 있는 말투는 암시의 중요한 수단이므로 화술을 잘하는 사람을 연구하여 참고로 하는 열정도 필요하다.

최면술을 처음 사람에게 시술하려면 시간이 좀 걸린다. 그러나 한번 걸린 사람은 다음번엔 쉽게 걸리는 것이다. 몇 번 걸린 사람은 한마디의 암시에도 대수롭지 않은 손놀림에도 쉽게 깊이 빠져든다. 내 눈을 보면 그대로 뒤로 쓰러진다 하면 거의 깊은 최면에 빠져들고야 만다.

상대방에게 말로 암시를 걸지 않고도 응시하는 것만으로도 얼마든지 뒤로 쓰러지게 하는 암시가 가능하다. 최면이 가장 보편적으로 사용된 곳은 종교이다. 오래전 고대로부터 시작되어 온 최면이 종교에서 행해져 왔던 것이 사실이다.

최면이 범죄에 이용된 예로 유명한 하이델베르크 사건이 있다. 이 사건은 범행에 최면술이 사용됐고, 그것이 장기간 지속되어 최면술로 그 범죄를 조사한 다른 사건에서는 볼 수 없는 특이한 점이다.

1934년 프란츠 발터라는 하이델베르크의 한 최면술사 이야기다. 사건의 전말은 다음과 같다. 프란츠 발터는 기차 안에서 한 여인을 만난다. 그는 그녀에게 최면 암시를 걸었고 그 후 그녀에게 병을 주거나 낫게 하면서 치료비를 챙겼다. 또한 남의 부인이 된 여인에게 자신을 위해 매춘부로 일하도록 명령한다.

그리고 그녀에게 남편을 죽이도록 명령하나 계속 실패하고 만다. 결국 프란츠 발터는 그녀에게 자살을 명한다. 하지만 그녀는 행인에 의해 두 번이나 구조되어 목숨을 구하게 된다. 이를 수상하게 여긴 경찰이 수사를 진행하지만 진척이 없었다. 그때 한 경찰내과의사가 그 부인이 최면에 빠진 것을 알아냈고, 최면에서 깨어나 범죄자를 잡는다는 일화이다.

이렇게 최면술과 범죄관계를 보여주는 점으로 보아 최면술을 잘못 사용해서는 안 된다.

집중을 시켜주는 관념운동 등 피최면자를 깊은 최면에 빠지게 하는 최면기법을 다양하게 구사하여, 유체이탈, 여행을 시켜주거나, 깊은 최면상태에서 연령퇴행, 최면 NLP, 오감체험을 시켜주는 등, 최면상태에서 원인을 찾아내는 카운셀링을 통하여서, 다양한 최면상담기법으로 피최면자의 심리적 문제를 해결해 나가는 데 큰 효력을 발휘할 수가 있다.

최면 인교술

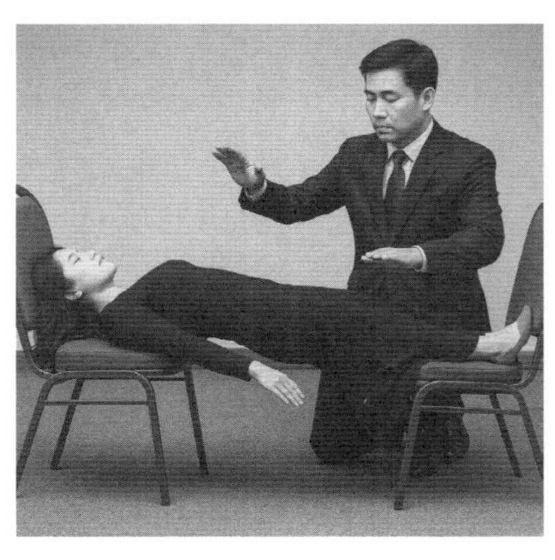

최면에 잘 들어가지면 인교술은 아주 쉽게 이루어진다.

최면상태에서 최면사가 양다리가 뻣뻣해진다고 하면 피최면자는 양다리 위에 거구의 사람이 올라가도 최면 각성 후에는 약간 뭔가 올라간 듯하다고만 느끼고 별다른 무게감을 느끼지 못한다.

▲ MBC-TV 〈최면의 세계〉 방송 출연(2007. 7. 6.)

▲ M Net-TV 〈쇼미더머니 10〉 방송 출연(2021. 11. 5.)

최면에 있어 라포는 너무나도 중요하다.

최면사와 피최면자(최면을 받는 사람) 간에 서로 신뢰, 마음이 통해야 심리적 문제가 해결되거나 최면이 아주 깊게 들어가는 데 유리하다.

의구심이나 사전에 최면의 지식이 없어 최면사를 신뢰하기보다 자신의 얕은 지식을 믿거나 최면시술에서 가끔씩 집중을 하지 않으려는 의심과 경계심을 잔뜩 가지면 결과적으로 강력한 최면을 맛볼 수 없는 것이다.

일반적으로 최면을 통한 효과나 심인성문제를 해결받고자 하는 이들은 반신반의하면서 최면을 받는 이들이 대부분이다.

최면은 말 그대로 催眠 — 잠을 재촉한다는 한문용어이나 실제적인 잠이 아니므로 잠과는 확실히 구별된다.

물론, 몸이 이완되므로 잠이 오는 경우도 있으나, 오히려 정신이 말짱해져서 맑은 정신을 가지는 경우가 대부분이고, 최면이 깊이 들어가져도 최면각성 후에는 모든 것이 기억나는 것이다.

피최면자들이 최면 시에는 거의 무아지경이나 혼수상태로 알고 있는데, 이것은 최면에 대한 지나친 오해와 무지인 것이다.

최면 시에는 뇌파가 안정적으로 되고 잠재의식의 정신은 뚜렷하게 수면으로 올라오듯이 밝아진다.

그러므로 최면 시에 정신이 더욱더 멀쩡해지니, 다른 말을 하는 피최면자들이 가끔 있는데 평소에 의심이 많거나 최면에 대한 오해에서 비롯되었음을 잘 알아야 할 것이다.

한 예로 피최면자가 최면 시에 이미지가 잘 떠오르면 최면이 잘된 듯하나, 이미지가 잘 떠오르지 않는 피최면자는 최면이 전혀 안 된 줄 알고 실망하는 것을 가끔 보는데, 최면사의 말에 따라 최면을 몇 번 반복하면 이미지가 서서히 열리고 최면 체험을 발전적으로 할 수 있다.

최면상태에서 몸이 잘 이완되고, 관념운동에 잘 반응하거나 후도법, 최면암시법에 잘 따르며 최면 이미지가 처음에 잘 안 열려진다 해서 결코 실망해서는 안 된다. 무엇보다 최면은 최면 암시가 중요하므로 암시만 잘 듣고 반응하면 좋은 결과를 얼마든지 가져올 수 있다.

가끔 초기의 최면상태에서 어릴 적 기억이나 최면 이미지가 전혀 안 떠오르고 캄캄하다는 현상을 말하기도 하지만, 대부분은 최면 이미지가 서서히 잘 떠오르므로 염려하지 않아도 된다.

무엇보다 과거 잠재의식의 상처받은 기억이 저장되었거나 아픈 상처가 기억의 저장고에 남아 최면 이미지를 떠오르게 하는데 방해요소로 다가오는 듯하다.

평소에 꿈을 잘 꾸거나, 상상력이 풍부한 사람은 최면을 받게 되면 암시 거는 대로 최면 이미지가 잘 떠오르고 여러 가지 강력한 최면 체험을 할 수가 있다.

피최면자로 하여금 처음 최면에 들어가기 전에는 최면감수성 테스트를 한다. 그 후 잠재의식 테스트를 위해 양손을 평행을 이루게 해서 왼손에는 무거운 책이 얹어져 있다는 것을 연상케 하고, 오른손에는 가벼운 풍선이 매달려 있는 엄지손가락을 위로 세우게 한 후에 눈을 자연스럽게 감긴다. 그런 후에는 무거운 책이 얹어져 있다거나 가벼운 풍선이 매달려 있다는 것을 다시 말하지 않는다. 그냥 상상만 하라고 한다. 그러면 반응이 서서히 보일 것이다.

그것으로 상대 피최면자의 잠재의식의 구조를 알 수 있는 것이다. 그런 후에 추라든지 컵 속에 고무 볼로 피최면자의 잠재의식의 구조를 파악해 보는 것도 좋을 것이다.

4. 최면암시

1) 최면유도문 1

앉은 자세에서 편안히 눈을 감으세요.
이제 깊게 숨을 들이마시고, 천천히 내쉽니다.
일곱 번의 호흡을 하면서 점점 더 깊이 이완됩니다.

첫 번째 숨을 들이마셨다가 내쉬어 보세요.
몸이 차분해지고….
두 번째 숨을 들이마셨다가 내쉬어 보세요.
마음이 고요해지고….
세 번째 숨을 들이마셨다가 내쉬어 보세요.
머리까지 맑아집니다….
네 번째 숨을 들이마셨다가 내쉬어 보세요.
어깨와 가슴이 풀리고….
다섯 번째 숨을 들이마셨다가 내쉬어 보세요.
온몸이 가벼워집니다….
여섯 번째, 숨을 들이마셨다가 내쉬어 보세요.
더 깊은 편안함으로….
일곱 번째, 숨을 들이마셨다가 내쉬어 보세요.
전신이 고요하게 잠깁니다.

이제 머리에서 발끝까지 편안해집니다.

이제 눈을 잠시 뜨시고
당신의 눈앞에 펜들럼 추를 바라보세요.
펜들럼 추에 집중합니다.
추가 움직일 때마다 안구만 같이 서서히 움직입니다.

(펜들럼 추를 양쪽으로 서서히 움직인다.)

이제 눈을 감아 보세요.
몸이 점점 뒤로 넘어갑니다.
최면 소파에서 뒤로 넘어가 편안한 상태에서
머리 정수리가 편안합니다.
이마가 편안합니다.
양 눈이 편안합니다.
눈 속까지 편안합니다.
양 볼이 편안합니다.
양 볼에 약간의 열기를 느껴보세요.
턱이 편안합니다.
목이 편안합니다.
목 속까지 편안합니다.
양어깨가 편안합니다.

양팔이 편안합니다.
양 손목이 편안합니다.
양손이 더욱더 편안합니다.

가슴이 편안합니다.
가슴속이 편안합니다.
배가 편안합니다.
뱃속까지 편안해집니다.
허리가 편안합니다.
골반이 편안합니다.
허벅지가 편안합니다.
무릎 관절이 편안합니다.
종아리가 편안합니다.
발목이 편안합니다.
양발이 편안해지고 온몸에 힘이 빠지면서 느슨해집니다.
이제 당신은 셋에서 하나까지 숫자를 세면
더욱더 몸과 마음이 편안해집니다.
셋, 둘, 하나.

(산을 좋아하냐 물어본다.)

이제 숲속 길을 걷습니다.

햇살이 나무 사이로 비치며, 바람이 불며, 새들이 노래합니다.

숲속 향기는 너무 아름답고 좋은 느낌입니다.

숲속 향기를 느껴보세요.

소나무 향 편백나무 숲속에서 피톤치드 향기를 느끼며 숨을 쉬어 보세요.

오솔길을 걸어봅니다.

잔잔한 바람이 불어오는군요.

호수에 아름다운 물고기가 헤엄쳐 다닙니다.

팔뚝만 한 물고기도 보입니다.

무슨 색깔인가요? (색깔 말하면) 네. 너무 아름답죠?

이제 주황색 물고기도 보입니다.

노란 황금색 물고기도 보이고 하얀 물고기도 보입니다.

빨강색 예쁜 물고기도 보이는군요.

비단잉어 같군요. (맞다고 피최면자가 대답한다.)

(바다를 좋아하느냐 물어본다.)

바닷가에 갔었던 그때 기억을 떠올려 봅니다.

(바다가 연상되게 유도한다.)

셋에서 하나까지 숫자를 세며 당신은 행복했던 시절을 떠올려 봅니다.

마음이 괴롭고 힘든 때를 떠올려 봅니다.

독수리를 보거나 TV에서 본 경험이 있으시죠?
독수리를 연상해 봅니다.
그 독수리가 나 자신이라 생각해 봅니다.

(독수리 모양 생김새를 물어본다.)

나이아가라 폭포로 날아갑니다.
폭포가 쏟아져 내립니다.
지금 밤입니까? 낮입니까?
(낮이라 하면) 지금 관광객들이 폭포 위에 구름 떼처럼 많이 몰려 있군요.
폭포 아래는 유람선을 탄 관광객들이 비옷을 입었군요.
폭포가 비처럼 떨어지기 때문이죠.
이제 날아서 캐나다 들, 산, 바다, 호수로 마음대로 날아가 봅니다.
미국이 뉴욕에 엠파이어 스테이트 빌딩 꼭대기에 날아와 봅니다.
항구에 왕관 쓴 자유의 여신상이 든 횃불 옆에 높이 앉아 있군요.
너무 아름답죠?
이제 날아서 마음대로 날아가 봅니다.

가고 싶은 곳 어디든지 가봅니다.

당신은 독수리와 같이 자신감과 용맹함을 가져봅니다.

이제 하나에서 다섯까지 숫자를 세면 최면에서 깨어납니다.

하나, 몸이 점점 또렷해집니다.
둘, 기분이 상쾌합니다.
셋, 가벼워집니다.
넷, 새로운 힘이 쏟습니다.
다섯, 이제 눈을 뜨세요.

당신은 지금 맑고 편안한 상태로 깨어났습니다.

2) 최면유도문 2: 구름 사이 내려오는 빛 연상 기법

부드럽고 밝고 아름다운 구름 사이의 영롱한 빛을 떠올려 봅니다.
그 빛이 당신의 머리끝부터 시작하여 발끝까지 머뭅니다.
당신은 그 빛이 이마로부터 내려옴을 느껴봅니다.
이마 얼굴, 목, 가슴, 단전 부분에 그 빛이 머뭅니다.

그 장면을 떠올리고 상상하십시오.

그리고 시간이 지나면 당신의 온몸은 마침내 그 영롱한 빛으로 가득 채워짐을 느낄 수 있습니다.

그 어떤 외부의 힘으로부터도 당신을 지키고 보호할 것입니다.

그 빛은 당신을 더 편안하고 안전하게 이끌어 줍니다.

당신이 그 빛을 느끼고 체험하고 있을 때 당신은 그 빛에 둘러싸여 몸의 아픈 모든 부위가 서서히 치유됩니다.

당신의 아주 깊은 잠재의식 상태에서 마음의 문이 서서히 열리고 당신은 마침내 지나간 시간 속에서 경험했던 모든 사실을 기억해 낼 수 있습니다.

잠시 후 그 시간 속으로의 여행을 떠납니다.

잠재의식은 당신이 경험했던 모든 과거 시간의 기억들을 뚜렷하게 떠올릴 수 있으며 또한 되살릴 수 있습니다.

잠재의식은 시공을 초월하여 과거의 행복했던 기억들을 떠올리게 해 줄 것입니다.

아주 편안해집니다.

몸이 아주 나른해지면서 피로가 발가락 끝으로 서서히 빠져나갑니다.

더욱더 편안해집니다.

3) 최면유도문 3

편안한 자세에서(앉거나 눕거나)

눈을 감고 숨을 들이마셨다가 내쉽니다.

5회를 반복해 봅니다.

들이마실 때는 코로 들이마시고 천천히 입으로 내쉽니다.

들이마실 때는 주변의 평화의 에너지를 들이마십니다.

숨을 내쉴 때는 입으로 내쉬면서 배꼽 밑의 단전 부분에 힘을 주면서 천천히 0.5초 후에 내뱉습니다.

머리가 아주 맑아지고 한결 기분도 좋아집니다.

이제 편안한 마음으로 이마에 정신을 집중해 봅니다.

이마가 편안합니다.

양 눈이 편안합니다.

눈 속까지 편안해집니다.

양 볼이 편안합니다.

턱이 편안합니다.

목이 편안합니다.

목 속까지 편안함을 느낍니다.

양 어깨가 편안합니다.

양팔이 편안합니다.

양 손목이 편안합니다.

양손을 펴보세요. 아주 편안해집니다.

양손에 아주 좋은 기운이 들어옵니다.

가슴이 편안합니다.

가슴속 내부가 편안합니다.

배가 편안합니다.

뱃속까지 아주 편안함을 느낍니다.

허리가 편안합니다.

골반이 편안합니다.

허벅지가 편안합니다.

무릎 관절이 편안합니다.

종아리가 편안합니다. 발목이 편안합니다.

이제 양발이 아주 편안해지면서 느슨해집니다.

나른해지면서 잠이 옵니다.

점점 잠이 옵니다.

눈까풀은 감기면서 무거워집니다.

이제 당신은 머리만 기대면 잠이 옵니다. (불면증 환자에게 사용하는 암시)

눈이 감기고 점점 깊은 수면으로 몰입됩니다.

계속 잠이 옵니다.

계속 깊은 잠을 잡니다.

아침이 밝아옵니다. 맑은 공기, 따사로운 햇살.

상쾌한 아침을 맞습니다.

살아있음이 너무나도 행복합니다.

최면암시기법에는 엘리베이터 기법, 계단 기법, 에스컬레이터 기법, 터널 기법, 동굴 기법 등 다양한 암시기법이 있다. 또한 라이터나 펜들럼 추와 같이 최면에 들어가게 하는 데 필요한 소도구를 사용하는 것도 좋다.

최면 중에 유체이탈 시킨 후 최면여행을 시켜주는 이유는 피최면자의 최면깊이를 더해주는 데 목적이 있기 때문이며 스트레스가 풀리기 때문이다.

연령퇴행에 들어갈 때는 즐거웠던 일들을 떠올려 보라 하고 괴로웠던 일도 차후에 떠올려 보라 하면서 최면요법을 통해 심리적 문제점을 고쳐주려고 애써야 한다.

무엇보다 심리적 질병의 원인을 파악하는 데 중점을 두어 최면 심리치료를 해야 하므로 잠재의식상태에서 피최면자에게 정신을 집중하여 심혈을 기울이는 대화법을 사용하여야 한다.

때론 최면이 아주 깊어지지 않을 시에는 말보다는 엄지나 검지를 구부리게 하고 그 상태를 면밀히 분석하는 것도 좋다. 때로는 피최면자가 말을 하려 하면 자연스럽게 말을 하도록 해도 무방하다. 하나, 되도록이면 말보다는 손가락을 구부려 답을 먼저 하도록 하는 것은 피최면자가 최면에 더 깊이 들어가는 것과 집중하는 데에 도움이 될 때도 있다.

최면에서 깨어날 때는 항상 카운터를 하나에서 다섯까지 천천히 헤아리면서 서서히 깨어난다고 말하면 머리가 상쾌해지고 몸은 아주 가벼워진다. 정신이 아주 맑아진다고 암시를 걸어준 후에 다섯을 다 헤아리고 "이제 최면에서 깨어납니다."라고 반드시 말해 주어야 한다.

위와 같은 최면요법은 모든 사람들에게 통용되는 최면기법이므로, 최면을 통한 심리치료에 또 다른 기법을 응용하고 개발하려면 최면학을 공부하는 본인 스스로가 많은 서적들과 경험을 바탕으로 연구에 몰입하려는 자세와 실제적인 피최면자를 통한 실습이 중요하다. 오랜 경험 가운데 시일이 흐르고 나면 놀라운 경지에 이른 자신을 발견하게 될 것이다.

인간의 심리치료에 가장 필요 적절한 최면트랜스 상태에서 보이는 카운셀링은 다른 어떤 상담기법보다 월등한 차이와 비교를 거부하는 놀라운 최면과학이라 말해주고 싶다.

6장

타인최면

오늘날 최면피암시성과 퍼스널리티 특성과의 관계는 확실하지 않다.

심리테스트를 이용해 최면 피암시성을 알아낸다는 것은 어려운 일이다.

실제로 최면유도를 실험해 보지 않으면 알 수가 없는 것이다.

1. 후도법 테스트

피최면자의 발끝을 모아 세운 후 몸의 긴장을 풀도록 주의를 시킨다.

눈은 감게 하든지 앞의 한 지점을 보게 해놓고 최면사는 상대의 뒤에 선다.

넘어져도 뒤에서 내가 받칠 테니까 걱정할 필요가 없다는 것을 말하고 "몸이 흔들린다." "점점 흔들린다." "점점 흔들려서 뒤로 넘어진다."라고 암시를 건다. 1~2분 정도 실시하여 전혀 반응이 없거나 미동 정도일 경우는 D, 가볍게 쓰러지려 하면 C, 확실히 쓰러지려고 하면서 아주 넘어지지 않을 때 B, 그대로 뒤로 쓰러지는 경우 A로 암시성을 판단할 수 있다

자유롭게 넘어질 때까지 연습한다.

처음 시작할 때는 최면사가 등 뒤에 오른손을 가볍게 대고 "하나 둘 셋 숫자를 세게 되면 당신의 몸은 뒤로 계속 넘어갑니다. 뒤로 넘어가고 있군요."라고 말한다.

넘어지는 데 불안, 공포로 저항심을 가졌을 때는 잘 반응이 일어나지 않으니 이 경우 최면사는 손으로 받쳐주므로 넘어져도 절대로 안전하다는 것을 반복적으로 안심시켜 주면서 확신을 주도록 한다.

피최면자를 세워 놓고 푹신한 소파 앞에 서서 눈을 감게 한다. 그리고 오른손을 펴서 상대방의 이마 위에 가까이 가져가면서 뒤로 넘어지는 것을 말하지 않고 심상을 통해 무의식 균형 반응을 유도한다.

피최면자의 몸이 점점 뒤로 넘어가게 된다.

암시를 걸어도 된다.

"당신의 몸은 지금 뒤로 넘어가고 있군요."

"점점 뒤로 넘어갑니다."

실제로 거의 대부분의 피최면자들은 암시에 걸리거나 말없이 무의식 균형 반응에 의해 뒤로 넘어가는 후도법 체험을 하게 되어 있다.

여러 번 하면 강력하게 후도법에 걸려 너무 쉽게 뒤로 넘어가면서 깊은 최면에 빠져들 수도 있다.

2. 집중하게 하는 최면법

최면유도법 중 지포라이터나 펜들럼 추를 이용하거나 피최면자에게 한곳을 응시하게 하여 빠져들게 하는 것으로 급속도로 빠른 최면이 가능하다.

최면유도에 있어 주의 집중을 통한 응시 최면은 쉽게 최면에 빠뜨리는 최면기술이다.

후도법 최면은 최면에 쉽게 빠져들게 하고 몸이 뒤로 넘어질 때 심신이완과 함께 깊은 트랜스 상태에서 최면이 가능하다.

3. 최면심도 측정

최면상태에서 나타나는 최면심도

- 보통의 최면상태: 이완, 눈의 깜박임, 눈이 감기면서 신체의 이완
- 가벼운 최면상태: 눈까풀의 카탈렙시, 하퇴의 카탈렙시, 무감각
- 중간의 최면상태: 부분적 건망, 후최면성 무감각, 퍼스널리티의 변환, 운동의 환각, 완전한 건망

깊은 최면상태

- 몽유적인 최면상태: 최면에서 각성되지 않고 눈뜰 수 있다.
- 기발한 후최면성 암시: 완전한 몽유상태, 후최면성 양성의 환시, 후최면성 음성의 환시, 후최면성의 건망, 음성의 환청, 음성의 환시, 지각 과민

순간최면의 반응 측정

① 눈이 떠지지 않는다.

② 의자(무릎)에서 손을 위로 올릴 수 없다.

③ 양팔을 펴서 구부릴 수 없다.

④ 한 손이 얼굴 뺨에 달라붙어 안 떼어진다.

⑤ 자신의 이름을 말할 수 없다.

⑥ 각성시키기 전에는 열 손가락을 세어 보라 하면 계속 하나에서 다섯 손가락이 빠지고 열하나까지 세고 있다.

4. 최면유도 기법(최면을 위한 준비)

1) 불안과 저항을 제거해 줘야 한다

피최면자에게 최면에 대해 어떻게 생각하는지 물어본다.

무엇인가 엉뚱한 오해를 하고 불안, 공포를 가지고 있을 수도 있기 때문이다.

납득을 잘 시켜주는 설명이 안심을 시켜주고 안정을 시켜주어 최면으로 유도할 때 좋은 반응을 가져올 수가 있기 때문이다.

대부분의 내담자들은 최면을 경험해 보지 않아 TV에서 보여주는 최면이 무의식 상태에서 최면을 받는다고 오해를 하고 있다.

왜곡된 최면을 보고 최면에 대한 오해가 있으므로 최면에 대한 사전 설명을 잘해 주어야 이해하고 잘 따라올 수가 있다.

최면상태에서는 의식이 사라지거나 달아나는 것이 아니라 최면암시를 들어야 하므로 의식이 깨어 있다.

어떤 사람은 최면이란 정신을 혼란시켜 정신을 빼놓는 것으로 엉뚱한 오해를 하고 정신장애로 바보로 만들지는 않을까 공포심을 가지기도 한다.

이런 사람에게는 최면에 관해 정신을 혼란시키는 것이 아니라 정신을 집중시켜 두뇌 집중이 잘되어 오히려 두뇌계발에 향상과 발전을 가져오는 것을 인식시켜 주어야 한다.

최면상태에서 깨어나지 못할까 두려워하는 사람도 있는데 이런 사람에게는 최면의 원리상 각성이 안 되어서 깨어나지 못하고 언제까지 최면상태에 있는 경우는 없다고 말해준다.

깨워 주지 않아도 저절로 피최면자는 스스로 깨어날 수 있고 방치해 두면 자연수면에 빠졌다가 깨어나는 것을 보통 잠에서 깨어나는 것과 같은 것이라 말해준다.

자기문제에 해결을 위해 최면을 예약하더라도 반드시 최면에 잘 반응한다고 낙관할 수만은 없다

신경증이나 여러 가지 문제가 있으면 신경이 예민하므로 최면에 대한 저항이 큰 경우가 많다.

내담자의 상태를 따라서 최면유도는 다음 시간으로 미룬다거나 납득한 후에 최면상담을 하여도 늦지 않다.

저항에 대하여 적극적으로 설명하기보다 편안한 분위기를 조

성하여 상세하게 설명하는 것이 좋다.

은은한 조명 아늑한 장소에서 최면을 시도하는 것이 좋다.

유도 전에 타인의 최면현상을 잠시 보여주는 것도 효력이 있다.

2) 최면 전에 대면상담

병력을 조사하고 성장과정 증상을 명확히 파악하면서 심리진단 테스트와 최면감수성 테스트, 최면에 관한 사전 설명 인식을 충분히 할 수 있도록 긴장을 풀어준다.

피암시성 테스트

눈을 감아라 하고 양손을 어깨 너비만큼 벌려 수평을 이루어 오른손엔 무거운 빨간 벽돌 석 장이 얹어져 있다.

"오른손은 점점 무거워집니다."

왼손은 주먹을 쥐어 엄지손가락에 실에 매달린 바람 빵빵한 가벼운 빨강 풍선 세 개가 매달려 공중에 떠있다.

"점점 더 가벼워지면서 왼손은 위로 올라가고 있군요."

그렇게 하면 피최면자는 반응이 나타난다.

잠재의식의 변화를 알 수 있다.

또한 눈을 감아라 하고 남자는 좋아하는 과일을 떠올려 보라

하고 여자는 좋아하는 꽃은 떠올려 보라 하면 눈을 감은 채로 떠올린다.

상상 테스트로 최면에 대한 인식을 시켜주고 난 후 떠올리는 것이 잘되면 실제적인 최면상태에서도 이렇게 하는 것을 가르쳐 준다.

피최면자는 최면상태에서 상상을 잘하기도 하고 기억을 잘 떠올리기도 하지만 가끔 최면의 이미지가 잘 안 떠오르는 피최면자가 있을 수도 있다.

아니면 캄캄하다고 하는 사람은 실제로 상상이 안 되는 사람을 아판타시아 증후군이라 부르는데 최면을 2~3회 하면 서서히 최면 이미지가 열리게 되어있다

눈을 감은 채로 안대까지 쓰고 있으면서 캄캄하다는 사람은 눈을 감으면 캄캄한 것이 당연한 것인데도 뭔가 시각적으로 보이는 것으로 착각하고 말을 하기도 한다.

물론 나중에 최면상태에서 이미지가 잘 열리게 되면 눈을 감아도 보이는 것처럼 느껴지는 최면체험을 할 수가 있다

최면에 대한 이해가 부족하여 안 보인다고 캄캄하다고 말하는 사람과 실제적으로 캄캄하게 상상이 전혀 안 되는 사람은 다른 것이다.

최면상태에서 이미지가 안 떠오르는 사람은 최면을 2~3회 받으면 상상과 기억이 잘 떠오르고 최면이 잘 될 수 있다.

3) 심신 이완

눈을 감게 한 후 심호흡을 시킨다.

하나에서 일곱까지 7회의 심호흡을 하게 한다.

목, 어깨, 등, 허리, 무릎 모든 관절에 정신을 집중시켜 힘을 빼라 하고 배꼽 아래 단전을 중심으로 복식호흡을 시킨다.

다 마치면 눈을 뜨게 한 후 펜들럼 추에 집중하라 한다.

펜들럼 추가 움직일 때 피최면자의 안구가 움직이게 한다.

눈을 게슴츠레 뜨면서 추가 움직이는 대로 안구가 움직이면서 최면에 빠져든다.

지포라이터 불빛으로 최면에 빠뜨릴 수 있다.

메트로놈의 틱틱 소리 나는 박자 소리에 집중시켜 최면에 빠뜨릴 수도 있다.

희미한 플래시 불빛으로도 최면에 빠져들게 할 수 있다.

4) 최면상담실의 분위기

겨울에는 아늑하고 따뜻한 분위기의 조명 아래 이완이 잘되도록 추위에 방해받지 않도록 하고 여름에는 시원한 온도에서 최면을 받게 해야 최면이 잘 들어갈 수가 있다.

상담실 안에는 산만한 분위기보다 최면에 잘 들어갈 수 있게 피최면자가 정신이 흐트러지지 않게 집중 잘 되게 해야 한다.

부드러운 리클라이너 소파가 좋다.

다리를 쭉 뻗게 편안히 누울 수 있도록 해주는 것도 좋을 것이다.

5) 최면 중에 나타나는 현상들

후도법을 사용할 때 뒤로 넘어간다는 암시를 주면 도리어 양발을 버티고 힘을 주든지 앞으로 넘어지려고 반응하는 사람들이 있다. 아니면 몸을 앞으로 내밀어 버티는 유형, 뒤로 넘어가지 않으려고 하는 사람 등 다양하다.

후도법에 잘 반응하는 사람이 최면에 깊이 들 수가 있다.

최면을 받을 때 미리부터 경계하는 사람은 깊은 최면을 경험할 수가 없는 것이다.

최면을 시작하면 곧 수면에 드는 사람도 있다.

이것은 몇 가지 이유가 있는데 저항하는 경우가 있고 잠에 빠져드는 것은 최면사가 점점 잠이 온다는 암시를 걸었기 때문에 나타나는 반응인 것이다.

수면에 빠져드는 피최면자에게 최면을 처음 받을 때는 수면이 빠지도록 하면 안 된다. 약간의 최면각성을 시켜줄 필요가 있고 무엇보다 최면상태에서 상담 대화를 해 나가야 하고 좋지 않은 기억의 트라우마는 상상치유로 바꾸어 주는 작업을 해야 하기 때문에 잠들게 해서는 안 되는 것이다.

최면유도 중에 편두통, 근육통, 복통 같은 것이 나타나는 것은 저항일 경우이다.

피부병도 없는데 몸이 가렵다고 하고 눈을 뜨려고 하면 최면에 대한 저항을 가져온 것이다.

최면에 깊이 들어갔을 때도 어떤 공포의 체험, 불안이 나타나는 경우도 있다.

그것은 피최면자가 평소에 최면에 대한 부정적인 요소가 많은 상태에서 최면을 막상 받으려 하니 나타나는 현상이다.

하지만 최면을 받다 보면 이런 저항적인 현상들도 다 사라지고 편안한 마음 상태에서 심인성 문제들이 잘 해결될 수 있으니 피최면자는 최면사를 신뢰하고 잘 따르는 라포를 형성해 나가야 한다.

최면상태에서 갑자기 말이 안 나오거나 굳어지면서 가위 눌림과 같은 현상이 나타나는 것은 최면에 대한 부정적인 경계심이 있기 때문이다.

최면사는 사전에 설명을 잘해주어 마음에 편안함과 이해를 돕도록 노력할 필요가 있다.

① 후도법 암시

후도법 암시는 피최면자의 마음을 움직여 신체에서 그대로 나타나는 것이기에 효력이 높다.

암시의 말은 "뒤로 넘어진다." "몸이 점점 흔들리기 시작한다." "지금 뒤에서 받쳐주니 안심하고 몸을 맡기세요." "점점 몸이 뒤로 넘어가는군요." 등을 사용하며 최면자는 피최면자의 등 뒤에서 손을 가볍게 대었다 놓는다.

후도법 암시에 의해 피최면자가 뒤로 넘어지면서 다치지 않도록 손으로 받쳐주거나 리클라이너 소파에 서서 하면 피최면자는 더 안심할 수 있다.

② 폐검암시

폐검암시는 뒤로 넘어진다는 암시보다 먼저 사용해도 좋다.

피최면자에게 눈을 감으라 하고 오른 손바닥으로 가볍게 갖다 대면서 다음과 같이 말한다.

"이제 당신의 눈은 강력한 본드로 접착되어 눈이 감겨져 있습니다."

"당신은 눈을 뜨려고 하면 더욱더 눈이 감길 것입니다."

"그러나 눈과 인체에 전혀 해롭지는 않습니다."

"제가 하나에서 셋을 숫자를 세면 더욱더 양 눈꺼풀이 달라붙습니다."

그리고 손을 뗀다. 그러면 피최면자의 붙은 눈은 달라붙어 떼어지지 않는다.

그 후 "이제 제가 하나에서 셋까지 다시 숫자를 세면 당신의 눈은 쉽게 떼어집니다."라 하며 각성을 시켜준다.

③ 무의식 운동 반응 암시

팔을 벌린 상태에서 양 손바닥을 마주 보게 하고 점점 가까워진다고 하면 양팔이 점점 더 가까워지면서 기도하는 손이 된다.

기도하는 손이 되어 붙어있는 양손이 점점 벌어진다 하면 벌어지고, 손바닥을 하늘로 향하게 하고 점점 위로 올라간다고 암시를 주면 올라간다.

양손이 공중에 동시에 올라간다는 암시를 하면 양팔이 공중에 부양되는 것을 체험하고 양손이 이제 얼굴로 와서 딱 끌어 붙는다 하면 붙어서 안 떨어지게도 된다.

양손이 얼굴에 와서 붙을 때 양손에 최면사의 오른손이 가까이 가서 잠시 가볍게 누르면서 양손을 잠시 잡아당기려 하면 더 달라붙는다고 암시를 걸어본다. 그러면 더 달라붙으면서 양 볼에서 안 떨어진다.

“얼굴에 붙어 경직된 양손은 제가 하나 하면 떨어집니다.” 하고 각성을 풀어준다.

한쪽 팔을 어깨 높이만큼 올려 경직되어 움직일 수 없다 하면 그대로 된다.

최면사가 피최면자에게 눈을 감기게 한 후 “당신은 이제 팔이 그 상태에서 경직되어 있습니다.” 하면 그대로 팔이 공중에서 경직되어 있다.

한쪽 손을 이마에 붙이고 최면사가 붙었다고 암시를 걸면 피최면자는 그대로 손이 이마에 붙어있다.

최면상태에서 심화시키는 단계로 트랜스의 깊은 상태를 체험할 수 있다.

잠이 깊어진다며 가끔씩 암시를 넣어주면 피최면자는 최면에 깊이 들어가지기도 한다.

④ 인지변형 암시

이 단계에서 나타나는 암시반응은 최면심상 최면성 환각이라 부른다.

심상이나 환각상태를 체험하도록,

"최면상태에서 미각으로 입술에 새콤한 맛이 나게 해줄 테니 맛을 느껴보세요."

"레몬맛이로군요. 혀에서 새콤한 맛이 침으로 고이는군요."

"후각에 숲속 향기가 나는군요. 산속에 들어온 느낌을 느껴보세요."

"점점 풀 내음이 나고 나무 향기가 납니다."

"하나 둘 셋을 세면 눈앞에 아름다운 꽃이 보입니다."

등의 암시를 준다.

눈을 뜬 상태에서 앞의 여러 가지 최면암시로 최면을 걸어본 후에 깊은 최면상태에서는 환각적인 최면에서 꽃을 본다거나 바늘로 손등을 찔러도 아무런 감각을 모르는 환각을 경험할 수도 있다.

최면상태에서 퇴행암시에 연령퇴행이 이루어지면 시간적으로 역행되어 50대의 중년에게 "당신은 다섯 살입니다." 하고 암시를 걸면 다섯 살 아이의 모습을 나타내기도 한다.

⑤ 기억변형 암시

기억에 관한 암시로서 나이, 연령, 이름, 장소, 등에 망각암시를 걸면 자신의 이름을 잊어버리고 자기 자신이 자기가 아니라는 느낌이 든다. 그 후 누군가가 당신은 다른 사람이라고 말하면 그 사람처럼 행동하는 것이 인격교체 현상으로 나타난다.

연령을 과거로 거슬러 올라가서 암시되었을 때의 반응을 연령퇴행현상이라고 한다.

이제부터 당신의 머리를 좌우로 흔들면 점점 머릿속이 텅 비어버리고 멍청해져서 당신의 이름을 잊어버린다. 아무리 이름을 생각해도 생각나지 않는다.

천천히 열까지 세고 "자" 하고 손을 머리에서 떼어준다.

잊어버렸다, 생각이 나지 않는다. 아무리 생각해 내려고 노력해도 소용이 없다.

"자 당신의 이름이 뭐지요?"

피최면자는 이름을 순간 망각한다.

망각암시가 끝이 나면 "이제 당신의 이름이 확실하게 생각납니다."라고 암시하여 기억시킨다.

이런 최면은 일반적으로 무대최면에서 관객을 웃기기 위한 쇼로 보여주기 위해 사용하는 최면술이다.

5. 최면유도 기법의 실제

1) 폐검법

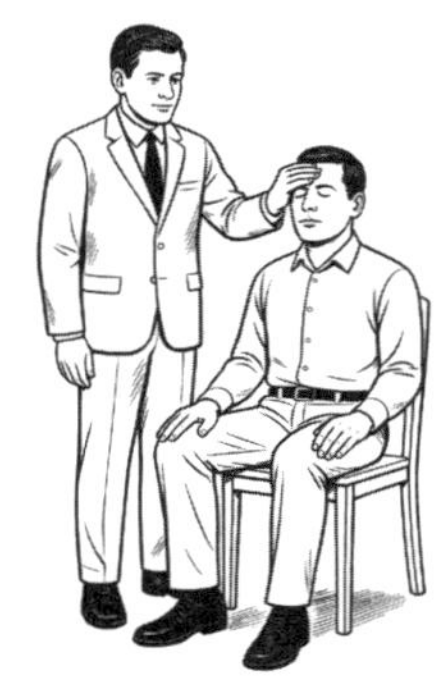

"잠시 눈을 감아보세요."

최면사는 피최면자의 감긴 눈을 자신의 한 손으로 잠시 가져다 대면서 감긴 눈을 다시 확인한다.

"이제 당신은 강력한 본드가 감긴 두 눈에 붙어서 점점 더 달라붙습니다. 그러나 당신의 인체에는 전혀 해롭지가 않습니다. 하나에서 셋까지 제가 숫자를 세면 더 달라붙을 것입니다."

"이제 숫자를 세겠습니다."

하나, 둘, 셋 강한 어조로 암시를 건다.

그리고 손을 뗀다. 그러면 실제로 피최면자는 감긴 눈이 안 떨어진다.

다시 최면사는 하나에서 셋까지 숫자를 센다.

"당신의 눈은 쉽게 떼어질 것입니다.

하나, 둘, 셋, 눈이 쉽게 떼어졌군요."

2) 손개폐법

“이제 양 손바닥을 펴서 나란한 자세에서 어깨 넓이만큼 벌려 봅니다.

손이 벌어진 상태에서 점점 양손이 가까이 다가옵니다.

점점 가까이 달라붙습니다.

네, 점점 가까워지고 있군요.”

“이제 손이 점점 달라붙으면서 떨어지지 않습니다. 점점 양손이 가까워지고 좀 더 가까워지기 시작하면서 양손은 기도하는 손처럼 딱 달라붙습니다.”

“붙은 양손이 이제 점점 떨어져 나갑니다.

당신의 양손은 점점 어깨 넓이만큼 바닥으로 힘없이 축 처지면서 떨어집니다. 점점 밑으로 축 처지면서 떨어지고 있습니다.”

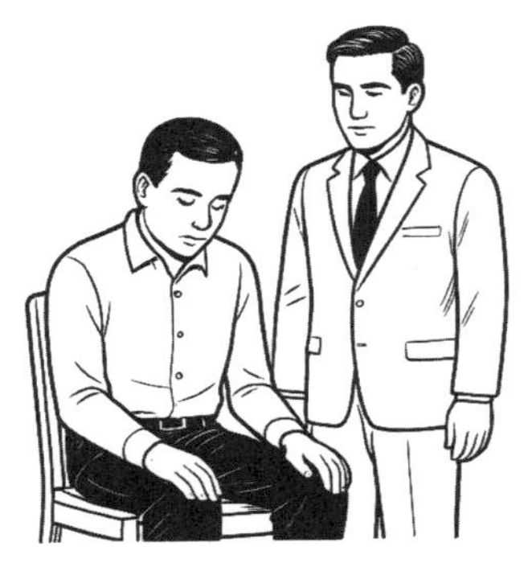

"이제 양손이 무릎 아래로 떨어지고 힘이 빠지면서 잠이 옵니다. 점점 더 깊은 최면상태에 빠져듭니다."

3) 후도법

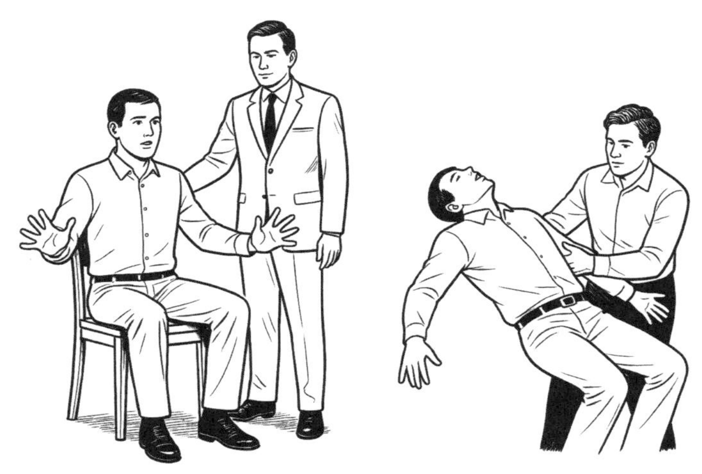

발끝을 모아 똑바로 서게 하고 눈을 감게 한다.

팔은 힘을 빼서 몸통에 붙게 한다.

최면사는 피최면자의 등 뒤에 서서 등 쪽에 손을 붙인 다음 "제가 하나, 둘, 셋 하면 곧바로 뒤로 넘어집니다.

넘어질 때 뒤에서 받칠 테니 아무 염려하지 마세요." 하고 셋을 세고 손을 뗀다. 그러면 피최면자는 몸이 흔들리면서 뒤로 넘어가므로 피최면자의 등을 받쳐주어야 한다.

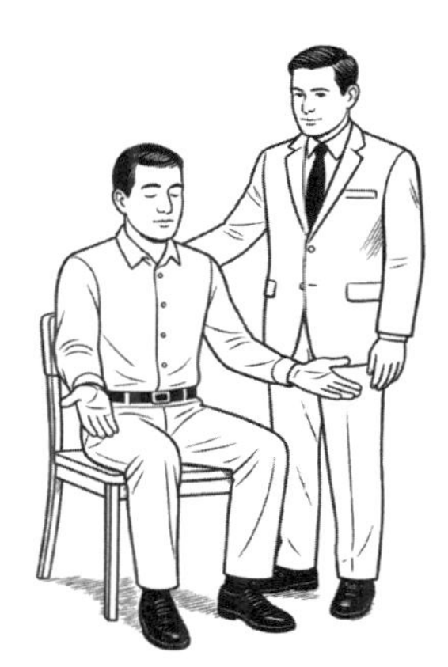

저항이 강한 피최면자의 경우 전후도법을 교체하면서 해주면 저항을 약화시킬 수 있다.

"이제 넘어간다." "넘어지고 있다."라고 암시하면 균형을 잃고 넘어질 때 뒤에서 받쳐주므로 안심을 시켜준다.

4) 손의 하강법

피최면자가 의자에 편안히 앉아 있는 자세에서 무릎을 향하여 양손을 수평으로 어깨 넓이만큼 들어 올린다.

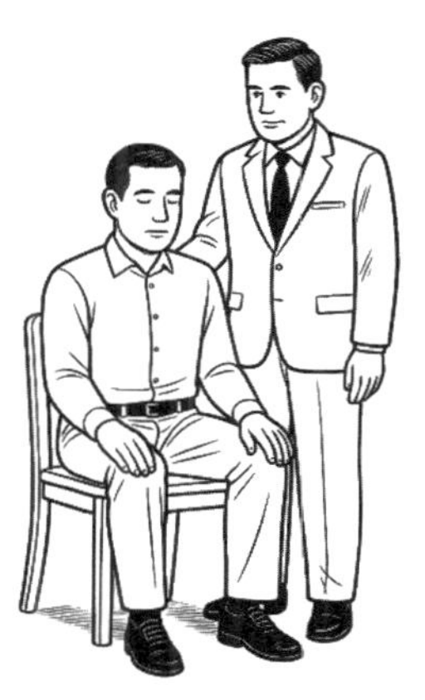

팔은 힘이 들어가지 않도록 주의를 주고 눈을 감게 한다.

"이제 당신의 양팔은 점점 내려옵니다."

"점점 미끄러져 내려오면서 양손은 무릎 위에 가볍게 놓게 될 것입니다.

마음은 아주 편안합니다."

5) 무찰법

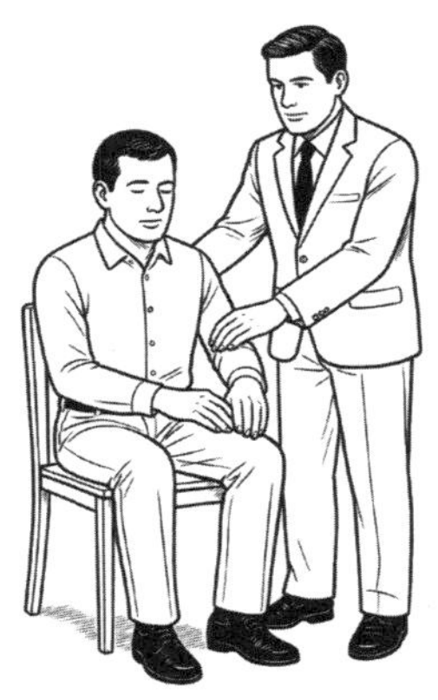

피최면자의 어깨, 팔다리, 사지를 약간 터치하면서 흔들며 최면상태로 유도한다.

안톤 메스머의 무찰법은 몸의 부분을 쓰다듬고 병의 고통을 덜게 하고 수면에 들게 하는 최면법이다.

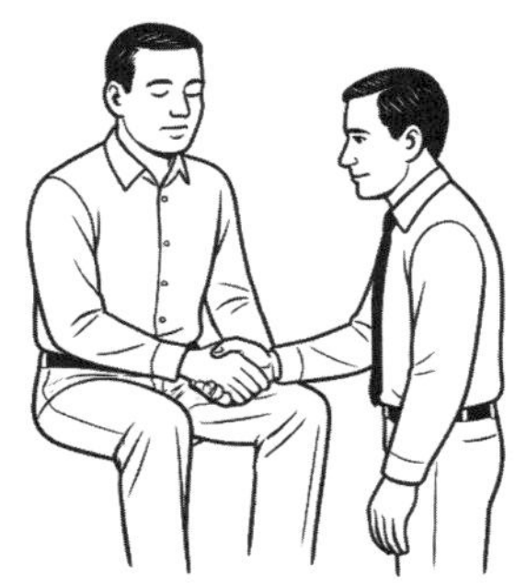

"내가 당신의 손을 잡으면 손이 안 떨어집니다."라고 말하면 최면사의 손에 붙어서 실제로 안 떨어진다.

6) 후각법

자극성의 액체 또는 아로마 향기 요법과 같은 방법으로 최면에 들게 하는 방법이다.

7) 이완법

팔다리 신체 부위에 무거운 감각과 따뜻한 느낌 자율훈련의 암시를 건다.

"오른팔이 무겁다." "왼팔이 무겁다." "오른 다리가 무겁다." "왼다리가 무겁다." "양다리가 무겁다." 암시를 자율훈련을 할 때 한다.

8) 진자법

팔꿈치를 책상 위에 붙이고 펜들럼 추나 고무 볼을 움직여 본다.

처음에는 잘 움직이지 않는다.

하지만 고정된 추를 바라보게 하고 좌우로 흔들린다 하면 신기하게도 추는 흔들리게 되어있다.

점점 더 잘 움직인다 하면 추가 움직이면서 더 크게 움직여진다.

움직이는 추를 계속 응시하게 하고 "눈이 피로해지고 잠이 온다." "눈꺼풀이 무거워지고 눈이 감긴다."라고 암시하면 피최면자는 트랜스로 이끌려 간다.

9) 경동맥동법

이 방법은 옛날 무대최면사들이 자주 사용한 것이다.

먼저 상대를 복식호흡을 시키고 심신을 안정시킨다.

눈을 감게 하거나 벽을 응시하게 하고 최면사는 피최면자의 오른쪽에 서서 왼손으로 피최면자의 뒷목을 받치고 동시에 엄지손가락과 가운뎃손가락으로 양 귀의 바로 뒷골 아래쪽을 압박한다.

그리고 오른손을 피최면자의 이마에 대고 재빨리 머리를 뒤로 젖힌다.

다음에 오른손을 목에 감고 엄지손가락과 가운뎃손가락으로 양쪽의 경동맥을 압박한다.

동시에 귓전에 강하게 속삭인다.

"잠이 듭니다. 편히 잠이 듭니다. 당신은 지금 최면 속으로 들어갔습니다. 기분이 아주 좋아집니다. 황홀합니다."

경동맥은 인체의 급소이므로 초심자는 절대로 해서는 안 된다.

10) 순간최면법

피최면자를 우선 심호흡을 3회 시켜준다.

그러면 좀 안정이 되어 불안해 하지 않는다.

"이제 당신은 눈을 감고 한 손을 당신의 이마에 가져다 댑니다. 손이 딱 달라붙게 됩니다.

제가 '얏' 하고 말하면 당신은 최면에 걸려 한 손이 이마에 붙어버리고 안 떨어지게 됩니다.

순간적으로 붙어서 안 떨어집니다.

자, 이제 손을 떼려고 아무리 해도 안 떼어집니다.

해보세요."

암시를 건다. 손을 잡고 떼려는 시늉을 하고 "자 떼보세요."라 해도 피최면자가 온 힘을 다해 떼려 해도 붙은 손은 떨어지지 않는다.

피최면자의 손을 당겨도 피최면자의 몸이 따라올 뿐 손은 떨어지지 않는다.

입회한 사람에게 해보라고 해도 안 된다.

"제가 다시 '얏' 하면 당신은 그 손이 떨어집니다."
'얏' 할 때 붙은 손은 가볍게 떨어진다.

다음은 양손을 얼굴 양 볼에 붙여보라.
똑같은 방법으로 하면 그대로 반응을 보일 것이다.

피최면자에게 양손이 붙어있는 상태에서 "어때요?" 하면 "양손이 달라붙어 안 떨어져요." 하고 말할 것이다.

똑같은 방법으로 하면 된다.

11) 최면인교술

최면사는 피최면자에게 "자! 나의 손이 위에서 밑으로 내려가면 당신은 몸이 뒤로 넘어갑니다."라고 말하면서 오른손을 펴서 내린다.

순간 피최면자는 몸이 뒤로 넘어가면서 쓰러진다.

쓰러질 때 몸을 잘 잡아주고 "당신의 몸은 이제 뻣뻣하게 굳어집니다."라고 말하며 준비해 놓은 의자를 양쪽에 두 개 나란히 두고 쓰러진 피최면자를 양쪽에서 머리 쪽과 다리를 잡고 머리를 왼쪽 의자에, 다리 쪽은 오른쪽 의자에 걸쳐놓는다.

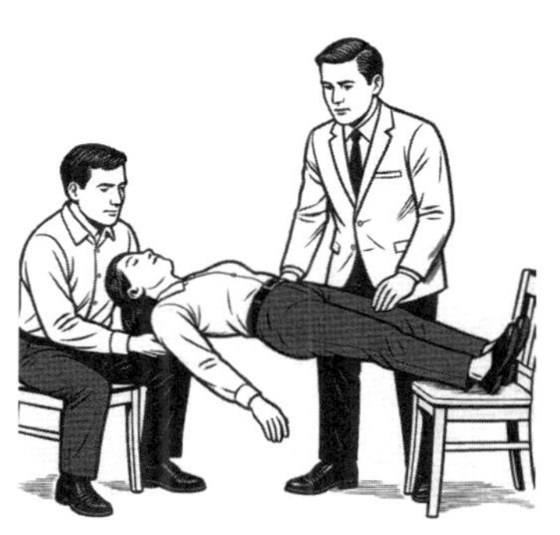

최면사는 다리에 두 번 가볍게 터치하면서 "당신의 다리는 나무토막처럼 딱딱하게 굳어집니다."라고 암시를 강하게 건다.

그러면 순간적으로 피최면자는 몸이 딱딱하게 굳어버리고 만다.

그 위에 건장한 남자가 올라가서 허벅지 다리 쪽에 서있어도 너무 쉽게 지탱하는 모습을 보인다.

여성 피최면자는 최면 각성 후에 아무렇지 않아 한다.

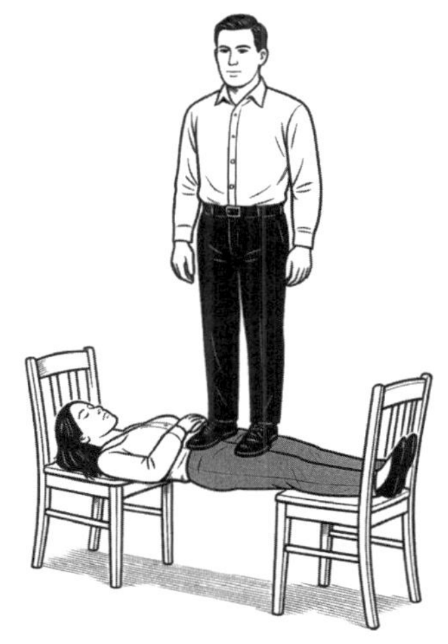

12) 후최면 암시법

최면 중에 받은 특정한 암시 암호 말, 소리, 신체 자극 등 언제든지 최면에 도입하게 하는 방법이다.

최면상태에서 피최면자에게 "당신은 최면에 깨어나도 제가 박수를 두 번 치면 다시 깊은 최면으로 들어가게 됩니다." 하고 최면에서 나오게 하다 박수를 두 번 치면 다시 깊은 최면으로 빠져든다.

오래전에 있었던 일화이다.

최면사가 "장밋빛 스카프를 보면 당신은 쓰러집니다." 하니 실제로 1년 후에 장밋빛 스카프를 본 피최면자는 쓰러진 일이 있었다.

6. 잠재의식 - 마음의 깊은 영역

잠재의식(潛在意識)은 인간의 마음에서 우리가 의식적으로 인지하지 못하는 부분이다.

이는 인간의 경험, 감정, 기억 등이 저장되는 공간이며, 우리의 행동, 결정, 감정에 깊은 영향을 미치고 있다.

의식이 우리가 지금 경험하고 있는 바로 그 순간의 사고와 감정을 다룬다면, 잠재의식은 그 깊은 곳에서 과거의 기억, 억눌린 감정, 그리고 무의식적인 패턴들을 처리하고 있다.

1) 의식과 잠재의식의 차이

의식은 우리가 일상에서 사용하는 사고의 도구이다. 우리가 의식적으로 '생각하고', '느끼고', '결정하는' 그 순간에 사용하는 사고의 방식이다. 그러나 우리의 의식은 그다지 많은 정보를 다룰 수 없다. 하루에도 수많은 사건과 감정이 지나가지만, 우리가 기억하는 것은 그중 일부에 불과하다. 대부분은 잠재의식 속에 저장된다.

잠재의식은 의식적으로 우리가 인지하지 못하지만, 그 안에서 수많은 생각과 감정, 기억들이 저장되어 우리의 일상에 영향을 미치고 있다. 예를 들어, 어릴 때 겪은 트라우마나 반복되는 불안감, 혹은 지나치게 반복하는 습관들도 모두 잠재의식에서 비롯된 것이다.

우리는 그것들을 명확히 기억하지 못하지만, 우리의 삶에 깊은 영향을 끼치고 있다.

2) 잠재의식의 영향력

잠재의식은 우리의 행동에 큰 영향을 준다. 예를 들어, 누군가가 반복적으로 불안을 느낀다고 가정해 보자. 이 불안감은 아마도 잠재의식에서 기인한 것이며, 그 사람이 의식적으로 어떤 상황에서 불안을 느낄지 모른다고 해도, 그 불안은 잠재의식 속에서 이미 다뤄지고 있을 수 있다. 이는 우리가 외부의 자극에 대해 어떻게 반응하는지를 결정하는 깊은 층에서 일어나는 일인 것이다.

또한, 습관이나 본능적인 행동 역시 잠재의식의 산물이다. 술을 자주 마시거나, 담배를 피우는 습관은 의식적으로 우리는 그런 행동을 하고 싶지 않다고 생각할 수 있지만, 그 행동의 근본적인 원인은 잠재의식에서 비롯된 것이다. 잠재의식은 우리가 그 행동을 할 때마다 즉각적인 만족감을 제공하며, 의식적으로

이를 제어하는 것은 매우 어려운 일이다.

3) 잠재의식의 변화 가능성

잠재의식의 특징은 변화 가능성에 있다는 점이다.

우리가 불안을 느끼거나 습관을 바꾸고 싶다면, 잠재의식의 패턴을 바꾸는 것이 핵심이다.

하지만 잠재의식은 단번에 변화할 수 있는 것이 아니다.

그 안에 숨겨진 감정과 기억을 인식하고, 치유하는 과정이 필요하다.

여기서 중요한 것은 최면의 여러 가지 기법들과 기도, 명상과 같은 것이 잠재의식에 접근하는 좋은 방법이라는 점이다. 최면은 의식을 잠시 놓고, 잠재의식이 주도하는 상태로 들어가게 하여, 그 안에 존재하는 억눌린 감정과 패턴을 다시 바라볼 수 있게 도와준다. 또한, 기도와 명상은 잠재의식에 숨겨진 불안이나 두려움, 혹은 과거의 상처를 직면하게 하여, 이를 치유하는 과정을 밟을 수 있게 해준다.

4) 잠재의식과 자기 변화

우리의 삶에서 일어나는 변화는 잠재의식을 변화시키는 과정에서 시작된다. 자신이 변화하고 싶다면, 잠재의식 속의 깊은 감정과 기억을 인식하고 치유하는 과정이 필수적이다.

이를 통해 우리는 자기 자신을 더 잘 이해하고, 진정으로 원하는 삶을 살아갈 수 있게 된다.

최면치료나 심리치료는 바로 이 부분을 다루는 중요한 방법이다.

이러한 기법들은 잠재의식의 세계에 접근하여, 우리가 의식적으로 인식하지 못한 감정과 기억을 인식하고 치유할 수 있는 길을 열어준다. 이를 통해 우리는 자신이 무의식적으로 끌어들이는 부정적인 패턴을 끊고, 더 나은 삶을 살아갈 수 있게 된다.

최면 사례

1. 학습 최면

대학재수를 4수까지 해오며 입시공부로 힘든 가운데 있어온 20대 초반의 재수하는 여학생이 본원을 방문하였다.

특목고 출신으로 한때 공부도 꽤 잘하던 학생이었는데, 또래 친구들처럼 원하던 대학에 가지 못하는 갈등과 열등의식으로 우울증까지 생겨 매우 힘든 가운데 있었다.

상담 후 최면을 통해 알아보니, 중3 때 학교 교실 안에서 수학 문제를 풀다 잘 해결되지 않은 것에 대해 몹시 스트레스를 받았다. 시험 문제지의 문제가 또렷이 보이고 잘 풀어진다는 암시를 걸어 스트레스를 풀어 주었다.

중학교 때와는 달리 공부 잘하는 아이들이 모인 특목고에서 성적을 잘 받아야 한다는 경쟁의식과 집착력이 스트레스가 되어 오히려 공부에 큰 지장을 초래하였고, 시험 때마다 불안해하고 초조하여 아는 문제도 잘 풀지 못하고 좋은 성적을 낼 수 없었던 원인이 된 것이다.

이런 많은 문제점들을 잠재의식에 긍정적이고 바른 암시와 이미지로 심어주었고, 몇 번의 상담과 최면상담을 통해 긍정적인 마인드로 변화되고 있었다.

학생의 아버지께서 상담 후 함께 찾아오셨고, 후에 전화통화에서 최면과 상담을 잘 받고 덕분에 약대에 장학생으로 진학하게 되어 고맙다는 말씀을 하시며 기쁜 소식을 알려주어 상담 일에 대한 보람을 느낄 수 있었다.

2. 지독한 결벽증, 강박증

일반 사람들과 전혀 다르게 화장실에 들어가면 한 시간 이상 손을 씻거나 집에서 샤워도 두 시간 이상하며 샴푸 한 통을 단번에 써버리고 두루마리 화장지 한 통도 금세 써버리는 15년 동안 지독한 결벽증에 시달리는 25세의 아가씨가 창원에서 부모님과 함께 와서 최면을 받으면서 지독한 결벽증이 사라졌다.

7살 때 역전 화장실에서 30대 남자 여러 명이 다른 시기에 한 사람씩 성폭행하여 죄의식 수치심으로 자신의 몸이 더럽다고 계속 씻는 습관을 가지게 된 것이다.

본원 사무실에 와서도 40분 동안 화장실에서 나오지 않았는데, 알고 보니 손을 계속 씻는 결벽증이 심각했다.

최면을 받으면서 트라우마 죄의식에서 벗어나도록 해주었으며 피의자가 아닌 피해자임을 상기시켜 주었다.

딸의 결벽증이 나으니 아버지는 그 후 빙의 우울증으로 고생하는 다른 사람까지 소개해 주셨다.

3. 부부 설루션

다음 달 이혼 날짜를 받아놓은 채 어느 부부가 아들과 함께 마지막 심정으로 본원을 내원하였다.

이들은 재혼한 부부로 슬하에 중1의 아들이 있었다. 아들은 전처 소생의 아이였다.

일곱 살 때 어린이집에 있던 이 아이는 더 어릴 적부터 그곳에서 쭉 먹고 잤다고 한다. 아버지가 배를 타는 마도로스 직업을 가지고 있어 아이는 홀로 어린이집에 맡겨진 것이다.

엄마는 바람이 나 이혼하여 아이를 버렸고, 아이는 늘 혼자였다.

그런 애에게 새엄마가 생긴 것이다.

새엄마는 아이를 자기가 배 아파 낳은 아이처럼 키웠다.

눈망울이 이쁜 아이를 보고서 남편의 성격이 거친 줄도 모르고 초혼에 실패한 후 다시금 재혼을 결심케 되었다고 한다.

결혼 생활 내내 남편으로부터 온갖 인격적인 모독을 당하고 온갖 욕설과 해괴한 행동들이 그녀의 맘에 큰 상처로 남았다.

부부 솔루션으로 최면상담을 해 나가면서 부인은 눈물을 계속 흘리고 있었다.

최면 마지막 날 부부를 불러 아이가 보는 앞에서 화해시켰다. 부부는 서로에게 용서를 구하고 용서해 주었다.

다시 시작하는 가정이 되기로 이 부부는 결단하며 서로 뜨거운 포옹을 하고 있었다.

한데 둘째 날에 이미 부모님이 화해하셨다는 미소 띤 아들의 말을 듣고 참으로 흐뭇했다.

4. 수전증

의류사업을 하던 30대의 남자가 찾아왔다.

거래처 회식 자리에서 사장과 술을 마시면서 계약하던 중에 술을 따르다가 흥분하고 긴장되어 심한 손 떨림 증세가 오게 된 것이다.

그 후 손 떨림 수전증으로 4년간 병원 약을 먹어도 차도가 없어 최면이라도 받아보고자 전화하고 본원에 내원한 것이다.

상담과 최면상태에서 그 당시로 들어가 잠재의식에 변화를 주니 자신감과 평안함을 얻고 수전증이 말끔히 해결되었다.

5. 펫로스 증후군

깊은 우울증으로 30대 초반의 아가씨가 어머니와 함께 필자를 찾아왔다.

상담을 하면서 그동안의 우울증의 원인을 전혀 모르고 있었는데 최면을 해보니 15년 동안 키워온 반려견이 죽어 그 슬픔이 우울증으로 온 것을 알게 되었다.

최면을 받는 가운데 죽은 반려견이 너무 보고 싶어 계속 눈물을 뚝뚝 흘리는 모습에 필자는 반려견이 하늘나라에서 편안히 안식하고 있다고 떠올려 주는 것으로 슬픔을 잊게 해 주었다.

최면이 끝나고 나니 얼굴에 쌓인 우울증세가 어디론가 사라지고 웃음을 띠우며 필자를 대하고 있었다.

6. 고양이 공포증

언젠가 고양이 공포증으로 온 30대의 아가씨가 있었다.

상담 중에 고양이 말만 들어도 소름이 끼쳐서 치를 떨며 겁먹은 표정과 행동이 적나라하게 나타나고 있었다.

최면을 해보니 아주 어릴 적 10살 때에 부모님과 가족, 아무도 없이 집 안에는 어린 여학생인 자신만이 혼자 있었다.

그날따라 한밤중에 비가 억수같이 내리고 집 근처 길고양이들이 비를 피하고자 집 앞에 와서 소름 끼치게 괴악질로 울어대니 공포감에 질려 몇 시간 동안 두려움에 떨며 있었다고 한다.

최면을 받은 후 그녀는 지금은 고양이를 어루만지고 귀여워하는 사람으로 변화되었다.

최면을 통해 잠재의식 속의 고양이 공포증을 말끔히 없애 주게 되니 유난히 심했던 공포증이 깨끗이 사라진 것이다.

7. 학교 폭력, 왕따, 따돌림

중고등학교 시절 학교 일진들에게 매일 돈을 뜯기고 잔심부름을 해주기도 하고 학교 구석진 곳에서 몰매를 맞기도 했던 은영 씨가(29세, 가명) 최면치료를 받으러 왔다.

상담 가운데 10여 년 이상 우울증과 불안 불면 대인공포 기피 증세를 보이며 사회생활이 힘든 가운데 살아왔었고 약은 3년째 먹고 있다는 말을 한다.

다른 심리상담센터에도 여러 번 가보고 했는데 나아지는 건 그때뿐이고 시간이 지나고 나면 트라우마는 여전히 고통 가운데 남아 있었다고 한다.

최면을 받는 가운데 자신을 괴롭혔던 일진 애들을 모조리 혼내주고 맘속에 있던 화병이 다 사라지도록 스트레스를 풀어주었다.

최면도 최상으로 잘되어 모태로 들어갔다 나오는 태아최면도 아주 쉽게 기억해 냈으며 자라온 과정을 시공간을 초월하여 최면을 통해 기억해 내며 맘속에 응어리진 것들을 해소해 나갔다.

8. 터널 공포증

오래전에 터널 안을 지나가다 극도의 공포증이 와서 차를 세워 두고 차 안에서 생수를 머리에 붓고 해도 죽을 것 같은 공포와 숨 막히는 답답함은 여전히 사라지지 않아 그 후로 운전을 전혀 못 하게 되었고, 7년 동안 병원의 공황장애 약을 먹으며 힘들게 살아오던 40대 후반의 남성분이 최면상담을 받기 위해 방문하였다.

본원에 와서 최면을 받으면서 터널 공포증을 치유할 수 있었고 자신감 있게 운전할 수 있게 되었으며 최면 3회 차에는 직접 차를 운전하여 터널 안을 지나가고 예전에 운전 잘하던 시절로 그대로 돌아가 너무나도 신기하다고 말하는 것이다.

날아갈 듯이 기분이 좋아지고 자신감 있게 운전하며 매일매일을 즐겁게 잘 살아가고 있다고 최면상담이 다 끝난 후 감사하다며 전화를 주셨다.

9. 이상후각

마산에서 재혁 군(18세, 가명)이 다른 사람들은 냄새가 안 나는데, 본인의 코와 입에서만 냄새가 계속 난다고 그의 어머니로부터 문의 전화가 왔다.

공부할 때나 밀폐된 공간에서는 더욱더 냄새가 난다면서 이러한 이상한 증세를 7여 년 앓아 오며 공부도 전혀 못 한 지 4년 이상 흘렀다고 하면서 근심 가운데 있었다.

실제적으로 예전에 상담과 최면을 통해 문제가 해결된 적이 있기에 심리적 문제이니 염려하지 말고 데려오라고 하였다.

알고 보니 학생의 병이 주위에서 말하길 빙의 같다고 하면서 '빙의치료'를 잘한다는 유명한 스님을 예전에 수소문해 찾아갔었고, 서울의 유능하다는 최면사에게까지 가서 최면도 받아보았으나 역시 빙의 운운하며 여러 가지 형편상 돌아왔다고 한다.

빙의인 줄 알고 '빙의를 잘 고친다는 퇴마사'를 찾아 다른 지방까지 계속 찾아갔었고 '종교단체 영성훈련원'까지 갔으나 문제가 전혀 해결되지 않았다.

오랜 세월 동안 수천만 원의 돈을 허비하였으나, 아무런 효험을 보지 못한 가운데, 내게 와서 최면을 받으면서 비로소 심리적 문제임을 알 수 있게 되었다.

최면상태에서 알아보니, 초등 4학년 때 영어학원을 마치고 돌아오다 성추행을 당한 것이 병으로 전이되어 코와 입에서 냄새가 나고 수업시간에 더욱더 냄새가 많이 나는 가운데 영어시간에 더욱더 냄새가 심한 것이었다.

밀폐된 공간에서는 냄새가 더 많이 난다는 원인을 최면상태에서 알아내어 모두 바꾸어 줌으로써 문제를 해결해 주었다.

상담과 최면을 받으면서 수업시간이나 버스, 지하철 등 밀폐된 공간에서 더 심하게 나던 냄새가 이제는 전혀 안 난다는 말을 하였고 야간자습에도 들어가게 되었으며 예전과는 전혀 다른 향상된 모습으로 학업에 전념할 수 있게 되었다고 한다.

최면상담 후에 가정에 큰 행복이 찾아온 최면치료 사례이다.

10. 알코올중독

20여 년 동안 알코올중독으로 매일같이 소주 두 병씩을 마시고 폐인처럼 살아온 은미 씨(45세, 가명)가 최면상담을 받고자 어머니와 함께 찾아왔다.

오래도록 술을 많이 마셔서인지 간이 손상되어 황달이 와 눈과 얼굴이 노랗게 되어 있었다.

간이 안 좋은 상태에서 병원 입원 중에 술을 마시려고 병원에서 몰래 빠져나와 술이 취해 있으니 가족들이 너무 심각한 상태라 판단해서 상담을 받으러 오게 된 것이다.

최면을 받으면서 어머니는 그동안 딸의 모습에 너무 상심하여 계속 울고 계셨다.

최면으로 원인을 알아보니 20여 년 전에 연애를 하게 되었는데, 상대 남자와 사귀다 헤어지면서 실연의 아픔으로 마음에 큰 상처를 받고 비관하여 우울증으로 매일같이 집 안에서 혼자 술에 의지하며 살아온 것이다.

3주 동안 최면을 받으면서 한 번도 술을 입에 대지 않았으며 최면에 잘 임해 주었고 술을 끊고 다시 간과 황달 치료 차 병원에 입원하였으며 앞으로 뭐가 하고 싶은지 물으니 비장한 각오로 한식 요리사가 되겠다고 말하며 변화되어 가고 있었다.

최면을 통해 미래에 대한 자신감을 심어주었으며 자신감에 차 있는 그녀의 모습에 감동하였다.

11. 교통사고 PTSD

김해에 살고 있는 영민 씨(31세, 가명)는 5년 전에 대형교통사고가 나서 트라우마(PTSD, 외상후스트레스장애)에 시달리며 신체통증, 두통, 무기력, 공황장애, 우울, 불안으로 진통제와 수면제 등 수천만 원의 약과 치료를 하였으나 해결되지가 않아 고통의 나날을 보내는 중에 필자에게 와서 상담과 최면치료를 받은 후 외상후스트레스장애(PTSD)가 해결되었다.

군 장교 출신인데 고속도로 운전 중에 차가 낭떠러지로 떨어져 일곱 번 굴러 강 앞에 우뚝 서 구사일생으로 살아나왔는데, 그 후 교통사고 후유증으로 고통을 겪으며 5년 동안 시달려 온 것이다.

최면을 받은 후에 통증이 말끔히 사라지고 현재는 사회생활을 잘하고 있다.

12. 강박 불안

매사에 반복하는 행동이 습관이 되어버린 자신이 너무 한심하고 안 좋은 버릇을 최면으로 치료해 보고자 영수 씨(37세, 가명)가 방문하였다.

아침에 출근하면서 집에 문을 잠그고 나왔는데도 기억이 잘 나질 않아 한참 길을 가다가도 다시 돌아와 확인하고 또다시 돌아오고 반복하기를 수없이 하다 보니 몇 시간은 허비하는 게 기본이다.

그러다 보니 직장 생활도 제대로 할 수가 없다.

내담자: 저의 강박증을 고치고 싶어요.
상담자: 처음 이런 행동을 하게 된 것이 언제부터인가요?
내담자: 사귀던 여자 친구와 헤어진 후 심한 불안함이 생겼어요. 그 후부터 문을 닫고 집 밖에 나갔는데도 계속 불안해지고 기억이 잘 나지 않고 문이 닫혔는지 확인하는 습관이 생겼나 봐요. 자동차도 잠그고 해도 계속 주차장에 내려가서 삑삑 몇 번인가 눌러보고 확인해 봐요.

영수 씨는 더욱더 심해지는 강박증세가 너무 괴롭다고 한다.

약을 먹어도 불안함은 잠시만 약해질 뿐 다시 불안하고 계속 강박적인 습관들이 더 심해지고 더욱더 불안하기만 하다.

최면을 통하여 심리안정을 시켜주고 헤어진 여자 친구에 대한 미련에서 벗어나도록 해주었다.

강박적인 행동 및 습관들 생각들이 사라질 수 있도록 최면암시와 상상치유로 고쳐 나갔다.

영수 씨는 여러 번의 최면을 받은 후에 현재 강박이 사라지고 생활을 잘하고 있다.

최면으로 강박습관은 잘 고쳐지는 것이니 염려하지 않아도 된다.

13. 14년 우울증

김해에 살고 있는 은혜 씨(44세, 가명)는 우울증으로 14년 동안 시달리며 살아왔다.

우울증이 온 지가 오래인데 14년 동안 약을 먹고 여러 방면으로 고치려 아무리 노력해도 잘되지 않는다는 것이다.

우울증의 원인도 모른 채 살아온 오랜 세월을 약을 먹고 여러 방편으로도 해결되지 않아 상담과 최면을 받게 되었는데 갑자기 울음을 터뜨리며 하는 말이 남편이 14년 전부터 자신과 잠자리를 전혀 가져 주질 않는다는 것이다.

그래서 최면상태에서 "왜 그러냐?" 물어보니 그 책임이 부인한테 있었던 것이다.

13살 초등학교 6학년인 아들을 끌어안고 잠을 자고 둘만의 보금자리에 아들이 늘 들어와 있으니 남편이 직장에서 돌아오면 피곤해서 그냥 씻고 잠자기가 바빴던 것이다.

남편이 외도를 하거나 성불능자가 된 것도 아닌데 집에는 방

두 개에 한 방에는 큰딸이 있고 아들은 큰방에 이 부부와 늘 같이 있으니 내성적인 성격의 남편은 여간 불편해하지 않았을 것이다.

최면 후에 부인에게 "방 세 칸으로 빨리 이사 가세요. 그러면 당신의 우울증이 났습니다." 하고 말해 주었다.

후에 내가 쓴 책이 나와 보내주려고 바뀐 주소지를 묻기 위해 전화통화 하면서 안부를 물으니 이사하여 덕분에 아주 행복한 부부 생활을 하며 잘 살고 있다고 씩씩하게 말하며 여간 고마워하는 것이 아니다.

14. 거식증 역류성 식도염

경남 김해에서 중1의 경수 군(가명)이 부모님과 함께 상담을 받으러 왔다.

병명은 원인을 알 수 없는 역류성 식도염과 소화불량, 음식을 거부하며 손을 넣어 음식물을 올리고 음식이 걸린다고 뱉어내는 현상, 옷소매에 입을 대고 침을 뱉는 행동, 위 검사, 장 검사를 해도 전혀 이상이 없는데 음식물을 먹으면 무조건 토해내는 심각한 증세였다.

여러 병원을 전전하다 해결되지 않은 심각한 상태에서 어느 한 의원이 조언하기를 심리적 문제 같으니 최면요법 심리치료를 받아보라는 권유에 심리적 문제로 여겨져서 방문하게 된 것이다.

학생을 처음 보았을 때 무척이나 수척하여 팔다리가 아주 깡마른 상태였고 키 164cm에 몸무게 34kg, 키에 비해 무려 20kg 작게 나가는 비쩍 마른 비정상인으로 10개월 정도에 걸쳐 고생한 아주 심각한 상태였다.

처음부터 최면이 아주 잘 들어가졌는데 원인을 알아보니 작년 초등 6학년 때, 수업 중에 교사의 무리한 체벌로 상처받았고 후에 그것을 본 급우들의 놀림으로 인하여 큰 충격을 받아 온 심리적 문제였다.

같은 반 급우인 덩치가 큰 김 군으로부터 밥과 국을 섞어 만든 음식물쓰레기에 가까운 더러운 것을 억지로 먹이는 여러 가지 수모를 당했다.

경수 군은 그 후로 입에 침이 가득 고이고, 더럽다는 생각이 늘 들었으며 입속에 침을 닦는 습관과 함께 음식물을 먹으면 무조건 올리는 심한 불안 증세를 보이게 된 것이었다.

모든 정신적 심리적 충격에서 벗어나도록 트라우마 최면치료로 병든 심리상태를 바꾸어 놓았다.

최면 후 다시 만났을 때는 밥도 잘 먹고 음식물을 올리는 증세나 입에 침이 가득 고이던 증세도 말끔히 사라졌고 아주 밝은 모습의 학생이 되었다.

15. 통증 치료

유방암 2기로 병원 수술 후 항암 4차까지 받고 임파선까지 암 세포가 전이되어 통증으로 고통의 나날을 보내고 있던 경화 씨는(47세, 가명) 밤에 잠을 편안히 잘 수도 없는 형편이었다.

최면이라도 받으면 통증이 나아질까 싶어 내원하였다.

상담과 최면을 받으면서 그녀는 최면 가운데 하늘에서 흰 눈이 내리는 모습을 보면서 기뻐 소리 지르는 모습이 소녀 같았다.

최면이 아주 잘되었다.

최면을 해보니 남편이 병환으로 젊은 나이에 세상을 떠난 후 주식과 선물 옵션을 하면서 10여 년 생활해 오다 보니 심한 스트레스로 인해 중병이 온 것이다.

믿었던 양방병원은 유방암 수술 후 암이 임파선까지 전이되니 이제는 통증이 훨씬 심각해진 것이다.

밤에 잠이라도 잘 잤으면 하는 것이 소원이라 말한다.

최면을 받은 후 그녀는 몸에 통증이 사라지고 밤에 잠도 잘 자고 핼쑥했던 모습이 건강한 모습으로 변화되었다.

일 년 정도 살 것 같았던 사람이 8년째 건강한 상태로 현재 잘 살고 있다.

16. 임포텐스 조루 불감증

50대 후반의 중소기업 사장이 본원을 내원하였다.

상담을 하니, 결혼 후에도 발기도 잘되고 정력드 상당히 좋았었는데, 언젠가부터 조루가 잦고 발기도 시원찮다는 것이다.

그래서 매사에 하는 일마저도 자신감이 없고 무기력하다는 것이다.

최면으로 나의 문제를 해결해 줄 수 있겠느냐 묻는다.

그래서 최면을 하면 가능하다고 하고 최면을 통해 잠재의식에 들어가니 부인과의 부부 관계에서 불안해하는 것이다.

그 이유인즉 언젠가 업소에 가서 생판 모르는 술집 여자와 관계한 후 무의식적으로 죄의식에 사로잡히게 되었고 불안한 마음이 계속되어 부인과의 부부 관계에서도 나타나게 된 것이다.

양심의 거리낌, 죄의식이 불안한 마음으로 조루로 나타난 것이다.

최면으로 잠재의식 가운데 불안한 마음과 죄의식을 사라지게 해 주면서 가정적인 남자로 변화되는 이미지 트레이닝을 강하게 암시해 주었고, 그다음 날 와서는 아내와의 부부 관계가 젊은 시절 이상으로 흡족하게 잘 성공하였다고 자신감이 생긴다며 고마워하는 것이다.

그는 후에도 활기찬 부부 생활을 영위하고 있다.

심리적인 불안에 의한 임포텐스, 조루는 최면으로 쉽게 고쳐질 수가 있다.

또한, 여성의 불감증도 몇 번의 최면을 통해 사라질 수가 있다.

잠재의식에 심긴 어떤 문제의 원인을 알아내어 바꾸어 주면 불감증도 쉽게 사라질 수가 있는 것이다.

불감증도 여성에겐 우울증의 한 원인이 될 수가 있다.

부부 관계가 원만하지 못하면 올 수도 있고, 잠재의식에 또 다른 어떤 문제로 인한 것일 수 있으니, 최면을 통해 그 원인을 알아내어 바꾸어 줄 필요가 있는 것이다.

그러므로 부부 관계가 원만하면 행복은 저절로 찾아오는 것이다.

17. 의사 부인의 방문 - 불면증, 조울증

미국의 딸이 인터넷을 검색하다 오랜 불면증과 조울증세로 힘든 현직 종합병원 원장 의사 부인 되는 59세의 유정 씨(가명)를 모시고 본원에 최면을 받기 위해 찾아왔다.

어머니를 최면상담을 해보니 30여 년 전 신혼 때부터 남편으로부터 받은 심한 스트레스가 잠이 거의 안 오게 된 불면증의 주원인이었고, 4년 전부터는 불면증이 너무 심해져 먹어온 수면제도 잘 듣지 않는다고 말을 한다.

잠을 못 자게 되니 우울증이 심해져 조울증까지 오게 된 것도 있지만 재산 문제로 외국 사는 막냇동생이 심적으로 괴롭힌 것도 한몫하였던 것이다.

최면을 받으면서 상담 중에 그녀에게 변화가 일어났다.

두 번째 최면 후에는 잠도 잘 자고 수면제를 끊게 되었고 후에는 모든 약을 안 먹어도 되게 되었다.

최면을 받으면서 약을 끊고 건강하게 살아가는 사람도 있지만 계속 먹어오던 약을 갑자기 끊으면 금단현상이 올 수 있으니 약은 의사와 상의하고 최면치료를 받는 것이 바람직할 것이다.

18. 등교 거부증과 청소년 우울증

고1의 여고생이 등교를 거부하고 자주 결석하여 어머니는 학교만 잘 다니면 소원이 없겠다고 전화로 간곡히 부탁 말씀을 하신다.

상담과 최면을 받으면서 중학교 시절에 친하게 지내오던 친구들과 헤어진 후에 환경이 전혀 다른 고등학교에 들어오니 학교생활이 적응이 잘 안된다는 원인을 알 수 있었다.

자주 우울해지고 학교에 가기 싫어지는 원인은 학교에 가봐야 재미도 없고 친구도 없이 1학기를 보냈으니 학교생활이 더욱더 힘든 것이다.

우울증은 사춘기 우울증으로 괜히 우울하고 그 시기를 잘 견디어 내지 못하는 가운데 있었다.

상담과 최면을 받으면서 그다음 날 바로 학교에 등교하고 계속 몇 주간에 5회의 최면치료를 받으면서 등교 거부증과 우울증은 말끔히 사라질 수 있었다.

어느 날 와서는 남자 친구를 사귀고 싶은 게 아니라 알고 지내고 싶다고 순수한 의도로 부끄러워하며 말을 해서 일반적인 이성적인 교제를 원하는 것이 아니라 이성에 대한 관심이 많을 사춘기 때의 마음을 이해할 수 있었다.

그래서 "남자 친구를 알고 지내고 싶으면 학원에 나가면 자연스럽게 친해질 수 있지 않겠니?" 하니 고개를 끄덕이며 매우 좋아한다.

학교도 거의 출석하지 않는 학생이 이제는 학원도 등록하고 공부에 매진하는 학생으로 변화된 것이다.

최면을 통해 공부에 대한 자신감과 집중력 향상, 학습능력을 키워주는 특별한 학습최면을 해주니 공부할 때 집중도 잘되고 잡념이 사라져 공부도 더 잘된다고 상당히 좋아한다.

이제는 자신감도 생기고 학교생활도 잘 적응하고 우울증도 잘 이겨내어 변화된 새 생활을 하고 있다니 최면 심리 치료에 보람을 느낄 수 있었다.

19. 은둔형 외톨이 히키코모리

최면과 상담을 받으러 오는 이들 중에는 히키코모리 은둔형 외톨이들이 가끔 있다.

사회생활에 적응하지 못하고 집 안에 틀어박혀 PC에 열중하거나 스마트폰으로 하루를 무의미하게 보내는 청소년, 청년들을 일컫는 말이다.

대학 생활을 하다 과 공부가 맞지 않아 자퇴를 하고 요리대학에 진학한 민준 군(28세, 가명)이 부모님과 함께 본원을 방문하였다.

방 안에서 밖으로 나오지도 않고 밤새도록 PC만 하고 있으니 부모님은 걱정이 이만저만이 아니셨다.

최면상담을 해보니 대학에서 사귀던 여학생과 헤어져 실연의 아픔 가운데 우울증으로 힘든 나날을 보내고 있었다.

최면치료 상담 가운데 방 안에만 있던 생활에서 밖으로 나와 자신이 원하던 미래에 대한 요리사의 꿈을 잠재의식에 분명하게 심어주어 큰 식당에 취직까지 하였으며 실천에 옮겨 나가는 자신감 있는 청년으로 변모해 나갔다.

다니던 대학도 다시 꾸준히 다니게 되었고 새롭게 변화되어 간 것이다.

최면을 받고 미래에 대한 꿈이 생겨났다.

요리사로서 식당을 개업하겠다고 자신감 있게 포부를 밝혔다.

요리 공부를 위해 해외 유학도 가겠다고 말한다.

20. 온몸을 바늘로 찌르듯이 통증 증후군 CRPS

온몸을 바늘로 찌르는 통증으로 고통하며 7여 년 살아온 31세의 정혜빈 씨(가명)가 본원에 가족과 함께 내원하였다.

7년 전쯤 회사 생활 가운데 갑질을 하는 고객의 심각한 횡포로 인해 큰 트라우마가 생겨 심적 고통 가운데 시달리다 병원 진단으로는 CRPS 복합부위 통증 증후군이라고 하기도 하는 희귀병으로 살아온 것이다.

불면증에 시달리며 우울증도 심하였고 잠을 편하게 잘 수도 없는 고통 중에 늘 지낸 것이다.

상담 가운데 필자는 갑자기 스쳐가는 느낌이 있어 "혹시 나이는 아주 젊으신데 대상포진을 앓은 적이 있으신가요?" 하니 그때 회사에서 받은 스트레스로 인하여 면역력이 떨어지고 많이 힘들어서인지 대상포진도 앓은 적이 있다고 말을 한다.

일반적인 대상포진은 그 병을 앓고 있을 때만 바늘로 찌르는 통증이 있고 몸이 화끈거리는 증상이 있다.

하지만 계속적으로 바늘로 콕콕 찌르는 통증이 7년 가까이 끌어온 것은 심리적인 것이 신체적 현상으로 나타나는 것으로 보인다.

큰 병원 약도 먹으며 안 다녀본 데가 없을 정도로 오래도록 고생하였지만 진전이 전혀 없었다고 한다.

스트레스를 풀어주는 최면을 해주었고 통증이 사라진다는 최면 치료를 해주며 특별히 면역력을 키울 수 있도록 조언해 주었다.

최면을 받고 그녀는 바늘로 찌르는 통증 같은 것이 사라지고 편안한 숙면도 취한다고 말하였다.

21. 공황장애 대인기피증

8년 동안 공황장애를 앓아오면서 병원 약을 복용하는 중에도 대중교통을 혼자서 전혀 이용하지 못하며 힘든 가운데 살아오던 경남 울산의 정현 씨(42세, 가명)는 최면상담이라도 받아보고자 내원하였다.

최면을 받으면서 버스 지하철을 혼자서도 잘 타고 다니게 되었으며 불안함도 거의 사라질 수 있었다.

최면을 계속 받는 가운데 그녀는 자신감도 생겨 우울증, 대인기피증도 치유되었다.

역류성 식도염으로 고생하여 오래도록 속이 안 좋았는데 최면을 받으면서 식사도 잘하고 소화도 잘되어 신기해하였다.

22. 20년 도박중독에서 벗어나다

20여 년간 도박을 해오면서 늘어나는 빚에 인간관계가 끊어지고 가정에 불화 등으로 힘든 세월을 보내온 미남형의 태식 씨(40세, 가명)는 약물치료도 받아보고 상담치료도 많이 받아보았으나 그때뿐 소용이 없었다고 한다.

다른 곳에 최면도 받아보고 수년째 단도박모임에도 성실히 다녔지만 도박문제를 해결하지 못해 힘들었다고 말한다.

최면상담을 받으면서 마음속 내면에 자리 잡고 있었던 도박중독의 근원적인 문제가 드러났으며 해결되는 과정 속에서 변화를 가져오고 있었다.

처음 도박을 할 때는 대학생 시절이었는데 멋모르게 하게 되었고 순간 큰돈을 따게 되니 정신이 없을 정도였다고 한다.

그 후 미친 듯이 스마트폰으로 인터넷 도박에 빠져 수억이 넘는 돈을 잃게 되었고 예전엔 가정 형편이 부유하였으나 자신으로 인해 점점 가세가 기울어지고 어려운 형편에 처하게 되었다.

신용불량자가 되어 사회에서 고립되어 가는, 너무나 초라해져 가는 자신의 모습에 많이 힘들었고 고통스러웠다고 말하였다.

상담과 최면을 받으면서 불안함이 사라지고 잠도 잘 자게 되었으며 미래에 대한 자신감도 생겨나고 있었다.

최면을 받은 후 그는 도박 생각이 전혀 나지 않으며 20여 년 도박중독에서 완전히 벗어나 현재 새로운 인생을 살아가고 있다.

23. 내림굿을 받은 무속빙의 치료 사례

사업을 하는 53세의 유정 씨(가명)는 어떤 승려를 통해 사업이 잘될 거라는 소리에 현혹되어 영도 무당을 소개받아 재수굿을 하게 되었는데 1년에 두 번 10년 동안 해오면서 무려 2억을 허비했다고 한다.

그뿐만 아니라 승려와 영도무당이 짜고 재산을 착복하고자 그녀에게 신내림 받는 내림굿을 받게 하여 몸속에 불덩어리처럼 돌고 온몸이 쑤셔와 매일 밤 잠도 못 자고 한 달 보름 동안 회사 출근을 못 하는 고통 가운데 딸이 어머니를 모시고 와 4시간 반 만에 신기가 내린 빙의 귀신들에 씌인 것을 필자가 엑소시즘으로 퇴치해 주어 신기가 온 무병 귀신 들림을 깨끗이 치유해 주었다.

사업을 하면서 계속 힘들어지니 점 보러 가기도 잘하고 미신에 빠진 불교도라 이해는 하지만 승려와 무당이 짜고 재산을 착복하고자 재수굿으로 돈을 착복하고 내림굿을 받게 한 것인데 그것도 분별하지 못하는 것이다.

빙의 퇴치 후 그녀는 회사 출근도 잘하고 한 회사를 상대로 계약을 하면 2,000만 원 계약 정도인데 필자를 간나 수많은 악귀가 괴성을 지르며 다 나가고 축복을 받으니 그룹의 회장이 100억짜리 계약을 해주어 큰 수익을 올리는 복까지 받았다.

한 달 하고도 보름 만에 회사에 다시 출근하게 되었고 필자는 그녀에게 무당에게 내림굿 받아 신기가 온 무속병은 내가 고쳐주었으나 조울증이 좀 있어 보이니 병원에 가서 의사에게 약 처방을 좀 받고 얼마 안 가면 괜찮아질 것이라 말하니 약은 절대 안 먹겠다고 하면서 강하게 부정하는 것이다.

어쩔 수 없는 것이다.

어디 가서도 해결할 수 없는 암보다 무서운 영적인 무병인 귀신 들림 빙의 문제를 해결해 준 은인의 말을 단번에 무시하고 듣지 않겠다는데 어찌하겠는가!

실제 예로 내게 와서 빙의치료를 받고 해결되어도 정신적인 것은 병원 약을 당분간 좀 먹어야 하는 사람이 가끔 있다.

왜냐하면 빙의에만 시달리는 게 아니라 고질적인 정신병에도 시달리며 최면으로 되는 사람이 있고 편도체의 자극을 많이 받아 스트레스가 심하면 감정, 공포, 공격성을 처리하는 핵심적인 호르몬 분비에 이상이 오며 불안장애로 인해 병원 처방 약물치료를 받아야 한다.

극도의 불안함으로 조울증이 심하거나 심각한 조현은 최면만으로 해결된다는 착각은 버려야 할 것이다.

병원 약을 무조건 무시하고 최면만 받으면 낫는다고 하는 최면사를 본 적이 있는데 경험이 전혀 없고 선무당이 사람 잡는다는 것처럼 엉터리 사이비 수준에 불과한 것이다.

부모가 정신과 약을 먹어라 해도 전혀 말을 듣지 않고 필자가 빙의 귀신 들림은 치료되어도 오랜 정신적인 병은 병원 약을 한동안 먹고 신경을 안정시키고 운동하고 극복해 나가면 머지않아 건강하게 사회생활 잘할 수 있다 말해 주었던, 지독한 망상, 조현증, 우울증까지 있었던 대구의 김 모 양은 내 말대로 하여 현재는 결혼하여 행복하게 잘 살고 있다.

이혼하여 20여 년 우울증으로 빙의로 조현까지 온 40대의 박 모 여인은 내게 와서 빙의치료 후 병원 약을 한동안 꾸준히 잘 먹고 지금은 약을 먹지 않고도 사회생활을 정상적으로 잘하며 건강하게 잘 살아 가고 있다.

참고: 본원의 엑소시스트(Exorcist)는 TV에 나오는 무속 법사의 수준이 아니라 미국과 영국 이태리에서 오랫도록 행해져온 엑소시즘 사제들의 강력한 퇴마 그 이상인 것이다.

24. 본드중독 빙의 최면치료

전주에서 신랑 되는 사람으로부터 전화가 걸려왔다.

자신의 아내가 본드중독증세로 자살을 시도하여 정신병원에 입원 중인데 이런 것도 최면으로 치료가 가능한가 물어왔다.

"한번 해봅시다." 말하니 전주에서 부산까지 자가용을 타고 온 것이다.

아내 되는 혜영 씨(30세, 가명)는 상담 후 최면으로 알아보니, 다량의 수면제를 복용하여 자살을 시도한 후 실패한 적이 있다고 한다.

그 후에 불면증이 깊어졌는데, 학창 시절부터 해 오던 본드흡입중독증세가 다시 재발한 것과 몇 번의 자살시도와 함께 본드환각상태에서 자해를 하거나, 자신이 일으키는 일들을 전혀 기억하지 못해 신랑이 최면이라도 받아보고자 먼 길을 온 것이다.

최면을 통해 심리상태를 파악해 보니, 가정적으로 남편과의 많은 불화가 있었고, 수년간의 불면증과 재발된 본드흡입중독과 우울증세까지 와 그 원인이 남편과의 이혼 후에 더욱더 심하게 나타나게 된 것이었다.

남편은 4살짜리 딸 때문에 다시 재결합하여 아내의 본드중독과 여러 가지 문제점을 고쳐보고자 하는 열정이 강하였다.

처음 최면을 받을 때에 원인 없이 통곡하며 한 시간 이상을 울던 혜영 씨는 4살짜리 딸에 대한 애착심이 아주 강하였다.

처음 최면시술 후 불면증과 본드증세는 전혀 차도가 없었다.

그런 가운데 혜영 씨는 귀신에 관한 체험담들을 들려주었는데, 밤새 잠을 못 자고 불면증에 시달리며 시커먼 존재들이 가위 누르고 밤마다 악몽에 시달리게 하며 본드까지 하도록 시켰던 존재 때문에 자신이 체험한 것을 평상시에 가족들에게 말하면 이상한 사람 취급을 하였다고 한다.

두 번째 최면상담 가운데 영적으로 온 증세 같으니, 빙의령의 정체를 알아보자 말하였고, 학창 시절 가출하여 안산에 달방을 잡고 있을 때 방 안에 벽을 타고 다니는 파란 아기 귀신을 보았다고 말했다.

필자는 즉시 신랑을 상담실 안 사무실로 들어가게 하고 “낙태한 적이 있지요?” 하고 물으니 갑자기 대성통곡을 하면서 내 앞에서 우는 것이다.

즉시로 속에 있는 수치심과 죄의식을 가져오게 하는 영적 존재와 다른 악령들, 소위 빙의령들을 손바닥을 펴서 10cm 띄워 끌어 올리니 괴성을 지르며 악령들이 드러나면서 속에서 올라오고 있었다.

죄책감에 사로잡혀 있을 때 영적 존재들이 도사리며 속에 귀신 집을 짓고 자리 잡아 자살도 시도하게 한다.

수면제를 가지고 다니며 복용해도 잠을 청할 수 없었던 불안의 원인이자 14년 동안 괴롭혀 왔던 수많은 존재의 빙의령들이 필자를 통하여 4시간 만에 본원에서 다 빠져나간 후에 그날 이후, 불면증이 깨끗이 사라지고 잠을 잘 자게 되었다.

그 후로 그녀는 귀신 체험을 전혀 하지 않게 되었으며 본드흡입중독증세가 다 사라지니 신기하다고 말하면서 현재는 남들처럼 정상적인 생활을 열심히 잘하고 있다.

몇 주가 지나서 전화가 걸려와 고맙다고 말하였다.

일반적으로 오래된 본드중독은 마약중독 이상으로 어느 중독 증세보다 고치기가 힘들다고 다들 말한다.

일반적인 최면으로 계속하였다면 아마 이 본드중독 사례는 고치기가 영영 힘들었을 것이다.

본드중독이 된 것으로 모두 귀신 들림 증세가 나타나는 것은 아니다.

이 사례가 그렇다는 것이다.

의학적으로도 증명할 수도 없는 미스터리한 빙의의 세계, 영적 세계는 존재하기에 필자의 오랜 경험으로 가능케 된 것이며, 내 마음에 아주 유쾌함을 금할 길 없는 것이다.

귀신이 붙어 점을 치거나 무속인이 되는 것은 귀신이 존재한다는 것을 입증하는 것이다.

해리성장애, 다중인격과는 다른 소위 빙의(귀신)현상은 망상과는 다른 실재하는 것이다.

25. 몽유병 불면증 빙의치료

42세의 수영 씨(가명)가 본원을 방문하였다.

자신은 밤에 잠을 제대로 못 자는 지독한 불면증으로 오래도록 고생해 왔다고 말을 한다.

우울증으로 세 번 자살을 시도한 적이 있는데, 두 번은 약을 먹고 한 번은 목매달아 시도했다고 한다.

자살 실패 후 새벽 두 시만 되면 어김없이 무의식중에 잠자리에서 일어나 냉장고 문을 열고 음식물을 미친 듯이 목구멍이 꽉 찰 정도로 먹고 다시 잠드는 이른바 몽유병을 앓고 있었던 것이다.

깨어나면 자신이 무엇을 했는지도 모른다는 것이다.

빙의 문제가 있을 것 같아 점검을 해보니, 빙의에 사로잡힌 어떤 영적 존재가 드러나는 것이다.

무려 일곱 존재였다.

이 여인은 초혼 실패를 했었는데, 남편의 구타로 결혼 생활을 도저히 할 수가 없었던 것이다.

그 후에 두 번째 결혼 생활도 행복하지가 않았다.

두 번째 남편은 도박에 빠져 있었고, 자신은 지독한 불면증과 자살 우울증으로 세 번의 자살시도 실패 후 본원을 방문하게 된 것이다.

지푸라기라도 잡고 싶은 심정이었다고 한다.

상담과 최면 수련 가운데 퇴마를 하니 일곱 빙의령이 드러나고 떠나가므로 자살의 충동과 우울증세는 온데간데없이 사라지고 지독한 불면증도 사라졌다.

그 후에 같이 식사를 하는데, 그전에 어깨 승모근이 너무 많이 부어올라 늘 힘이 들어 지리산에 한약재를 잘 짓는 곳으로 소문난 곳에 천만 원을 들여 두 제의 한약제를 지어 먹었는데도 아무 효험이 없었다고 한다.

빙의령이 나간 후에 부은 승모근이 감쪽같이 정상으로 가라앉았다며 신기해하며 기뻐서 어쩔 줄 몰라 내게 말하는 것이다.

26. 간질(뇌전증)

29세의 혜미 씨(가명)는 초등학교 때부터 심한 경우는 하루에 여섯 번씩 의식을 잃고 쓰러져 기절하는 증세를 20여 년 이상을 앓아 왔으며, 서울 큰 병원에서도 간질(뇌전증)로 판정되어 오래도록 약을 먹어왔었다.

내담자는 보호자인 신랑과 최면이라도 받아보고자 찾아와서 상담 가운데 "집안에 무속인이 있느냐?" 하는 필자의 질문에 외할머니가 무당이었다고 답했다.

빙의점검 후 귀신(빙의령)들을 축출해 주면서 간질을 하게 하던 어떤 영적인 존재도 같이 내보내 주었다.

어릴 적 어머니가 이혼하면서 전남편인 아버지를 몹시 미워하여 전남편을 닮았다는 이유로 딸에게 구박과 심한 학대로 앙갚음하며 진성간질과 심인성 가성간질이 같이 동반하여 오게 된 심각한 경우이다.

진성간질은 영적인(spiritual) 존재들이 침범한 경우인데 어릴 적부터 방 안에서 있으면 시커먼 존재들이 보이고 말을 걸어와 대화도 하였다고 체험한 바를 말한다.

어느 날 초등 2학년 때 학교 교실 안에서 멜빵 옷을 입은 소녀의 모습이 자기 눈에만 보였는데, 그 소녀가 자기에게로 다가온 후 쓰러져 의식을 잃고 난 후부터 간질이 시작되었다고 한다.

심인성 가성간질은 심리적인 트라우마인 어머니의 학대로 인하여 어떤 방에 갇혀서 가위로 자신을 찌르며 학대하였는데, 그런 트라우마가 흐릿한 영상으로 떠오르면 반드시 의식을 잃고 쓰러져 기절한다고 한다.

귀신축출 빙의치료(엑소시즘)와 최면을 통한 심리적 안정을 시켜주었으며 쓰러져 의식을 잃기 전에 전조 조짐이 오면 물리치는 방법 또한 가르쳐주었다.

후에는 의식을 잃고 쓰러지는 기절을 전혀 하지 않았고 불안감도 사라지고 자신감을 얻게 되었다.

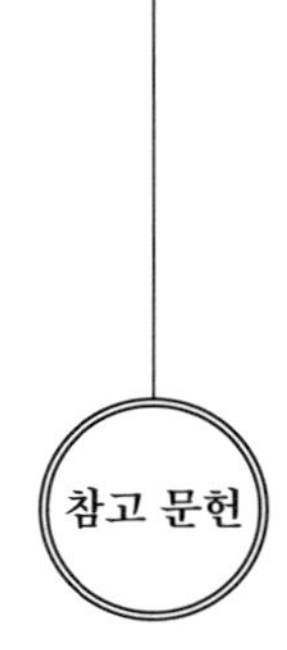

류한평(1999), 《타인최면》, 갑진출판사

이강일(2004), 《최면의학》, 서울: 최면의과대학출판부

나영산(2008), 《최면 핸드북》, 으뜸출판사

본 도서의 일부 내용은 네이버 지식백과, 위키백과 등에서 제공된 정보를 인용·재정리하였습니다.